よくわかる多肉植物

寄せ植えの実例、育て方、ふやし方と
715種の図鑑

監修
田邉昇一

日本文芸社

はじめに

　最近、多肉植物の栽培を始める人、楽しむ人が増えています。

　店にいると、「多肉植物を育てるのは初めてなんです」「多肉植物の世話は
どうすればいいですか?」などと声をかけられることが多くなり、子どもの頃か
ら多肉植物やサボテンが大好きだった私としては、とてもうれしく思っています。

　しかし一方で、栽培がうまくいかず、多肉植物は難しいとやめてしまう人
が多いことも耳にします。栽培がうまくいかない理由は、ほかの一般的な園
芸植物と同じように栽培してしまったか、室内栽培だったか、だいたいその
あたりだと思います。

　葉や茎、根にぷっくりと水分や栄養分をたくわえた姿や生き方が魅力的
な多肉植物。彼らが自生する地域は、土壌に栄養分が少なく、極度の乾燥
地帯で、朝晩の気温差が大きい環境が多いのです。高温多湿の夏、梅雨や
秋の長雨、冷え込む冬など、四季がある日本で多肉植物を栽培する場合、
一般的な園芸植物の育て方とは違うんだと頭を切り替えましょう。

　とはいえ、そんなに難しいことではありません。人間だって、熱い乾燥地
域に住む人が日本にやってきたら、夏の高温多湿や冬の寒さでダウンしてし
まうことでしょう。植物も同じことです。あなたの多肉植物が、どういう環境
が快適なのか想像して世話をしましょう。

　本書では、水やり、高温・低温時の対策、生育型別カレンダー、日々の
管理作業、寄せ植えのコツなど、多肉植物栽培の基本的なルールをわかり
やすくまとめました。図鑑部分は、育てやすい品種から難易度の高い品種
まで、人気がある品種をまんべんなく選び、紹介しています。

　最初は失敗があるかもしれません。でも、失敗から学ぶことは多く、失敗
も必要なことだと考えています。水をやりすぎたら、根が腐って枯れます。夏
型の品種だと知らずに、冬の間も屋外に出しっぱなしにしたら、寒さで枯れ
ることもあるでしょう。失敗には、長く、上手に、多肉植物とつきあっていくヒ
ントが隠れています。失敗したら、なぜ失敗したのか原因を考えて、次の栽
培に生かしてください。それを繰り返すことで、少しずつ多肉植物の栽培が
うまくなっていくでしょう。

　お店に来てくださるお客さまに説明することを、ぎゅっとこの一冊にまとめま
した。本書がみなさまの楽しい多肉植物ライフのお役にたてれば幸いです。

田邊昇一（タナベフラワー）

「よくわかる多肉植物」
contents

Part 1
寄せ植えを楽しむ

Part 2
栽培の基礎知識

Part 3
人気の
多肉植物図鑑

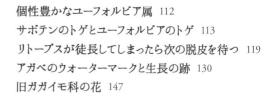

本書の使い方

* Part1「寄せ植えを楽しむ」では、寄せ植えの実例と寄せ植えの作り方を紹介しています。
* Part2「栽培の基礎知識」では、土や肥料、水やり、温度管理など育て方を紹介。
  多肉植物の栽培になれていない人は、まずPart2から読むのがおすすめです。
* Part3「人気の多肉植物図鑑」では、全712種を紹介。基本的に学名のアルファベット順に掲載していますが、若干、入れ替えがあります。学名はAPG分類体系に準拠。ページの見方は下記を参照してください。

※わからない言葉が出てきたら、用語ガイド(p.166)を見てみましょう。

育てやすさ
★★★　やさしい
★★☆　ふつう
★☆☆　むずかしい

水やり
水のやり方について紹介しています。

一般的な品種名

原産国
主に自生している場所を示しています。

科名

属名

生育型
春秋型・夏型・冬型など、その属の主な生育型を示していますが、品種によって差があります。

学名
学名の見方はp.168を参照してください。

別名
和名、流通名、俗名などは、まとめて「別名」として紹介しています。

属名

科名

特徴
その属に共通する特徴を紹介。

栽培のコツ
その属の育て方のポイントを紹介。

生育型
春秋型・夏型・冬型の生育型を記載。それぞれの生育型の管理作業はp.26-27「生育型タイプ別管理作業カレンダー」を参照してください。

サイズ
撮影時の鉢の直径を掲載。実際の大きさの目安にしてください。

その種の特徴や育て方のコツを記載。

コラムcolumn
知っておくと役立つ情報を紹介。

お手入れPetit
植え替えや仕立て直し、ふやし方などを写真でくわしく解説。

※本書の管理作業は、関東地方の平地を基準にしています。寒冷地とは、関東地方より北の地域(信越、東北地方、北海道)と、本州でも高山地域で冬の気温が低い地域のことです。

Part

1

寄せ植えを楽しむ

葉の形や全体のフォルム、色合いなど多種多様な顔をもつ多肉植物。
単独で鉢に植えて楽しむほか、寄せ植えにするのもおすすめです。
互いに引き立て合い、ひとつの鉢でいろいろな表情を楽しむことができます。
同じ管理で育つものを組み合わせるのが成功のコツ。
寄せ植えの実例全10種を紹介します。

乾燥に強い植物と寄せ植えする

多肉植物だけの寄せ植えも作ることが多いのですが、あえて乾燥に強い植物と一緒に植えました。
オーストラリアやニュージーランド、南アフリカ、地中海原産の植物は
乾燥に強いものが多く、水やりや温度管理が近いものを上手に選んで。
シルバーリーフは乾燥に強い品種が多いので覚えておくとよいでしょう。
既成概念にとらわれず、自由な発想で自分だけの寄せ植えを作ってください。

寄せ植え
1

枝ぶりがおもしろい
植物とハーブで
高低をつけ、
シンプルなセダムと

ブロンズ色の細い枝が印象的な
植物はコロキア・コトネアスター。
ニュージーランドに自生し、耐寒
性があり、夏の高温多湿が苦手
で乾燥を好む、という多肉植物
の性質と似た品種に、セダムを
合わせました。手前はクリーピン
グ（這う）タイプのタイム。乾燥に
強いハーブは、ほかにローズマリ
ーなども。セダムの花色をイメー
ジして鉢を選んでいます。

寄せ植え
2

" リトープスとプレイオスピロスを
葉色に表情がある植物と植える

食害から身を守るために石に擬態したとされるリ
トープスやプレイオスピロスに、地中海原産のロー
タス・ブリムストーンを合わせ、ふちに白い石を配
置しました。ブリムストーンは乾燥を好み、低温
にも強い宿根草。中央のクラッスラと左の垂れる
タイプのセネシオで動きを演出しています。

寄せ植え
3

" エレガントな色彩の多肉を
軽やかに美しく寄せる

鉢色に合わせて、エレガントな色彩の多肉
をギュッと寄せました。カランコエの月兎
耳やセダム、グラプトペタルム、セネシオなど
を、大胆に動きを出しながら植えています。

寄せ植え
4

高さのあるテラコッタ鉢に
同系色で優美な雰囲気に

エケベリアやパキフィツムを中央に置き、高さのあるテラコッタの鉢に、グレビリアの枝が這う品種のラニゲラと植えています。さらに手前にも垂れるタイプのセネシオでニュアンスを出しました。

冬の紅葉を楽しみ
生長してあばれた
光景を楽しむ

多肉植物の寄せ植えは、時間の経過とともに左右や上へ伸びたり、くねくね自由にあばれがち。後ろのアロエと中央のエケベリアのまわりをセダムが踊っています。植えてから約10年が経つ寄せ植えですが、年中屋外でたくましく生きています。

寄せ植え
5

寄せ植え
6

> 大小のコーデックスを
> 大胆に配置

1株で育てることが多いコーデックスです
が、管理作業が同じものなら同じ鉢で育て
ることも可能。ただし、コーデックスは植え
替えに敏感なため、冬の植え替えは厳禁。
5〜6月頃の初夏に作業しましょう。写真は
パキポディウム・カクチペスをバックに、左に
パキポティウム・ロスラーツム、右に恵比寿
笑いを植えています。

寄せ植え
7

> 赤いカラフルな鉢に
> 赤や濃い紫で統一感を

鉢の色と寄せ植えにする品種の色とを合わ
せ、一体感あるひと鉢に。アエオニウムで高
さを出し、手前は低い品種を合わせてバラ
ンスよく。みっちり植えず、赤い化粧砂をあ
しらいました。あえて多肉をいろいろな向きに
植えることで、どこから見ても正面になるよ
うに表現。

多肉植物だけをぎゅっと寄せる

多肉植物だけを植えるのは、多肉植物の寄せ植えの定番です。
成功させるポイントは、同じ「生育型」のものを寄せること。
それぞれの株の「形」を意識して、立体的に植えましょう。
小さい鉢でかわいくまとめるほか、大きな鉢でダイナミックに
アレンジするのもおすすめです。

寄せ植え
8

エケベリアを主役にして
大きな鉢で楽しむ

大きな寄せ植えを作る際に大切なのは、「主役を決め
ること」と「重心をどこに持ってくるか」ということ。大き
さや色など目を引く品種を主役に左に重心を置き、メリ
ハリをつけるように全体にバランスよく配置しましょう。
エケベリアやセダムなどをダイナミックに植えました。

寄せ植え
9

多肉植物だけをぎゅっと寄せる

**一度は作ってみたい
リース形で華やかに**

セダムとエケベリアなどから同じ
生育型の品種で同じようなサイ
ズの株を選び、みっちり植えまし
た。多肉植物らしい、安定のか
わいさです。

寄せ植え
10

**高さの違いで
動きをつける**

右奥に上に伸びるタイプを置き、手前には背
の低いタイプ・枝が垂れるタイプを配置した
基本パターン。垂れるタイプは、正面を避け
て右か左に配置すると動きが出ます。

013

寄せ植えの手順とポイント

寄せ植えは、高低差をつけたり、色のバランスを考えたりしながら、
植えた苗がどのように生長するか、植えたあとを想像することが大切です。
これらを踏まえて苗を選びましょう。
寄せ植えの手順を紹介します。

ポイント

Point 1
管理方法が似ている品種を選ぶ
同じ鉢に植えるため、春秋型、夏型、冬型など、生育型をチェックして、水やりや置き場所などの管理方法が似ている品種を集めましょう。

Point 2
どこから鑑賞するか考えて植える
前から見るなら、手前を低く、奥を高くするのがおすすめ。上から見るなら、苗の色や組み合わせなどに気をつけて配置します。

Point 3
鉢から選ぶか、株から選ぶか
鉢と株の組み合わせも大切です。お気に入りの鉢から選ぶのか、植えたい品種をまず選ぶのか。主役を引き立たせるつもりで、鉢や株を選びます。

Point 4
株の色や大きさをバランスよく
株に大小がありすぎると、バランスをとりづらくなります。主役を決めたら、サイズを考えて株選びを。カラフルにするのか、同系色にするのかも考えましょう。

用意するもの

A_軽石（鉢底石）

B_培養土

C_霧吹き
（スプレーボトル）

D_植えるための鉢
（前後がわかりにくいタイプのものは、前面にマスキングテープなどで印をつけておくとよい）

E_苗
エケベリア、セダム、クラッスラから5種

F_底に敷く網
（害虫が侵入するのを防ぐ／土が流れ出るのを防ぐ）

G_はさみ
（事前にアルコール除菌しておく）

H_プラスチックの
スプーン

I_ピンセット
（事前にアルコール除菌しておく）

J_土入れ

手順

1　鉢に網を敷く。

2　鉢底石を敷く。

3　半分くらいまで培養土を入れる。

4　苗の準備。まずは根をほぐす。

5 植えやすいように、下のほうの葉を取る。枯れている葉は取り除く。

6 長すぎる根を切る。

7 苗の準備ができたところ。

8 できあがりをイメージしながら、鉢に仮置きする。

9 右利きの人は左手前から植えていくとやりやすい。

10 ひとつ植えたら土を入れることを繰り返す。鉢を回しながら植えるとよい。

11 ピンセットで土を軽くさすようにしながら、根を土の中に入れていく。

12 苗は、みっちり植えると形が変わりにくく、ゆったり植えると生長を楽しめる。

13 すき間なく、土を詰める。ピンセットで土をさすと、土が根の間にしっかり入る。

14 苗は、それぞれの"顔"が見えるように調整。まんべんなく日が当たるように。

15 最後は土が乾いているとやりにくいので、水を少量かけて土を湿らせる。

16 最後に垂れ下がる品種を植える。植える部分をピンセットでさしておくとよい。

17 根が細い品種は、ピンセットではさむと植えやすい。

18 すき間や背面にも植えていく。

完成!

ポイント

水やりは1週間後からスタート!

Part

2

栽培の基礎知識

多肉植物は昼夜の寒暖差が大きく、雨が極端に少ない
乾燥した土地に自生しているものが多くあります。日本の気候風土とは対照的です。
ぷっくりした葉や太い根は、過酷な環境に適応し、進化してきた証拠。
本来、強くて丈夫な植物ですが、自生地とは異なる気候の日本で
多肉植物を栽培するための基本を知っておきましょう。

How to choose
succulent seedlings
&
cultivation
points

- 葉や茎の
色つやがよい。

- 病気がなく、
害虫がついていない
(p.37)。

- 茎がひょろひょろと
伸びていない
(＝徒長していない)。

POINT
直感で元気がなさそうな感じ
がしないことが大切。「なんか
おかしい」と感じたら避ける。

株選びと栽培のポイント

多肉植物栽培のスタートは「株選び」から。予算を考えつつ、
お気に入りの品種を見つけたら、元気な株を選びましょう。

株選びのチェックポイント

　栽培の第一歩は、株選びです。このとき、元気に育っている株を選ぶことが、栽培成功のポイント。

　まず、株を見て気に入ったもの、集めたい種類など、予算の中から選びましょう。気になる種類が決まったら、そこからよい株を選んでいきます。左のポイントを参考に、元気に育っているものをチョイス。購入する際は、属や品種名を確認しておくことも大切です。適した管理をするためには、ラベルで名前を確認し、ラベルがない場合はお店の人にしっかり聞きましょう。

Shop
店選び
専門店や園芸店が安心！

　購入は、多肉植物専門店や園芸店が安心。日当たりや風通しなど、栽培に適した環境(p.20)で正しく管理されていることが多いからです。

　しかし、株との出会いも大切にしたいもの。最近は雑貨店などでも多肉植物を扱っているお店が増えています。気に入った株と出会ったら、購入してもOK。ただし、室内に置かれていた場合は、購入後、すぐに直射日光に当てると葉焼けを起こすことがあります。少しずつ太陽光に慣らしましょう。

Season
季節
春スタートがおすすめ

　はじめて栽培するなら、春から初夏のスタートがおすすめ。多肉植物の多くが、春と秋に生長する「春秋型」。春のおだやかな気候だと、植物が元気に生長します。春から栽培すると、梅雨の湿気対策、真夏の高温多湿や直射日光のケアなど、多肉植物の栽培に徐々に慣れていくことができます。また春は、店頭に並ぶ種類も多く、株自体も元気。「夏型」の購入にも春～初夏が適しています。

　もちろんほかの季節でも始めたいと思ったときが始めどきです。

Price
価格
安い株は育てやすい？

　数百円から数万円まで、いろいろな価格がある多肉植物。価格差の一番の理由は、育てやすさとふやしやすさ。子株が出てふやしやすいものや丈夫な品種は、苗をたくさん生産できるため、価格も安価。安価なものは育てやすいといえます。逆に高額なものは、繁殖が難しい品種が多いのです。

　また、自生地からの輸入株(現地球と呼ばれる)も高額。自生地と気候風土がまったく違う日本で育てるには、栽培知識と経験が必要になります。

多肉植物ビギナーが成功する 5つのポイント

せっかく多肉植物を育てたい！と栽培をスタートしても、枯れてしまったり、うまくいかないことも。まずは初めが大切。栽培の成功体験を重ねつつ、いろいろな品種にトライしましょう。

Point 1 育てやすい品種を選ぶ
初心者でも育てやすいのはエケベリアやセダム、アガベなど。安くて丈夫な品種を選ぼう。

Point 2 生育型を確認する
属名、品種名がわかるものを選び、その場で生育型を確認する。わからないものは避ける。

Point 3 専門店で知識を得る
最初の1株は多肉植物の専門店で購入する。専門店で栽培法を教えてもらおう。

Point 4 植え替えは土ごと
鉢に植え替える場合は、根のまわりの土はそのまま、増し土をして少し大きな鉢に植え替える。

Point 5 寄せ植えは生育型をそろえる
寄せ植えを作りたい場合は、同じ生育型でそろえる。異なる生育型のものは一緒に育てにくい。

人気のコーデックスを育てる 5つのポイント

乾燥した厳しい環境に自生し、水分や養分をたくわえた茎や根が塊状となる「コーデックス」（p.136〜142）。そのユニークな形が人気ですが、日本で丈夫に形よく育てるための5つのポイントを紹介します。

Point 1 ゆっくり大きく育てる
塊茎・塊根部をふっくり大きく育てたい場合は、肥料を極力控える。生長はゆっくりになるが、自生地では10年、20年と時間をかけて生長する種。「ゆっくり育てる」を楽しもう。

Point 2 水のやりすぎに注意
生長期の夏は、鉢の中の土がすっかり乾いてからたっぷり水をやる。竹串をさして確かめるなどして、水のやりすぎに注意しよう。

Point 3 休眠期は月1回、軽く水やり
休眠期に葉が落ちたら、原則、断水。しかし、まったくやらないと枯れてしまう。鉢で栽培する日本では休眠期でも月に1回、土の表面が湿る程度に水やりを。

Point 4 植え替えは初夏に
コーデックスは植え替えに敏感なので、植え替え後、2〜3年は植え替えしないこと。植え替える際は5〜6月頃、初夏に行おう。

Point 5 実生株（みしょうかぶ）が育てやすい
コーデックス初心者は、自生地で採取され、輸入された「現地球」よりも、日本国内で種子から育てられた「実生株」のほうが育てやすい。

実生株　　　　現地球

Basic knowledge
of
where to put succulents

置き場所の基本

多肉植物の置き場所は、室内ではなく、屋外が基本。
健康に育つためには、太陽の日差しと風が必要です。

「屋外」「日当たり」「風通し」

かわいくユニークな姿の多肉植物は、インテリアとして室内に置きたいと思う人もいるでしょう。しかし、多肉植物はいわゆる観葉植物とは異なり、十分な日差しが必要な植物。屋内の光量では圧倒的に足りません。

多肉植物を元気に育てる置き場所の3大原則は「屋外」「日当たり」「風通し」です。置き場所に迷ったら、それを思い出してください。

室内は日差しと風が足りない

たとえば、夏、よく晴れた日の屋外の直射日光は10万ルクス。曇りの日でも3万ルクスほど（いずれも12時頃の屋外の参考数値）。一方、室内では南向きの明るい窓辺でも、8000〜9000ルクス程度。ケタが1つ違います。

室内は風も足りません。冬期などで鉢を室内に置く場合、水をやったら扇風機で風を送りましょう。

栽培に適した置き場所

日本で多肉植物を育てるなら、地植えより鉢植えが適しています。
なぜなら鉢植えは四季の気候変化に対応しやすいため。
ベランダ栽培を基本に紹介しますが、戸建てなら軒下に置きましょう。

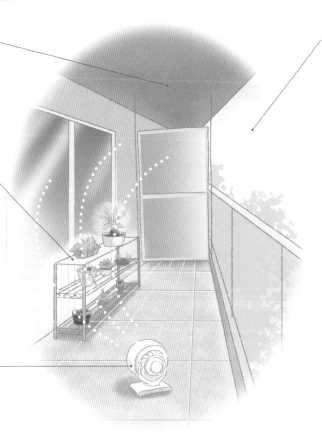

雨がかからない場所
屋根や軒は雨よけになり、夏の強い直射日光からも多肉植物を守る。

日当たりが重要
できるだけ日がよく当たる方角に向けて栽培スペースを設置。夏の直射日光に弱い品種には遮光ネットで対策を（p.21）。

**台やラックに乗せて
風通しと温度対策**
ベランダの床は風通しが悪く、鉢に暑き寒さが直接伝わるので、台やラックに乗せて管理する。床から10cm以上を確保。ただし、下の鉢に水やりの水がかからないように注意。

**じめじめの季節は
風を送る**
夏や長雨の時期など、扇風機やサーキュレーターで風を送り、湿気を追い払う。

植物育成ライト
どうしても屋内で育てたい場合は、植物育成ライト」が便利。専門店や園芸店で植物を購入する際、屋内でのライト栽培に適している品種や温度管理、ライトの種類などを相談してみよう。

Measures against
sunlight, humidity
and
temperature

日差し・湿度・温度対策

多くの多肉植物の生息地では、昼は高温でも夜は気温が下がり、
空気は乾燥ぎみ。高温多湿の日本で育てるポイントを紹介します。

自生地の気候は？

多肉植物の原産地は、南アフリカやマダガスカル、中南米など熱帯地域がほとんど。熱帯原産というと、じりじり照りつける日差しや高温に強いイメージですが、多肉植物の自生地は、熱帯地域でも標高の高い地域が多く、最高気温が30℃前後まで上がっても、夜や朝の最低気温は3〜18℃程度。そして、空気は乾燥しています。

日本の夏が苦手

多肉植物の多くは日本の夏の高温多湿、強い日差しが苦手です。強い日差しに当たると葉がやけどを起こしたり、枯れてしまうこともあります。日本の夏は、35℃を超える猛暑日も珍しくなく、40℃を超える日も。加えて多湿です。

多肉植物の栽培は、冬よりむしろ夏の対策が重要になります。

夏の日差し対策

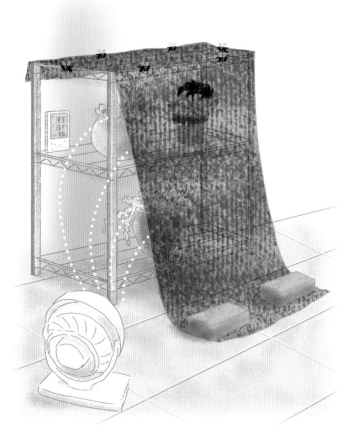

葉を日焼けから守る

葉や茎に水分をたくわえている多肉植物は、一般的な植物とは異なり、強い日差しによってやけどを起こすことがあります（→p.37）。多肉植物の葉は、人の皮膚と似ていると考えるとイメージしやすいでしょう。

多肉植物の栽培では、しっかり日に当てることが大切ですが、夏は人が日焼け対策をするように、遮光を施します。

●遮光の基本と生育別対策

遮光には、よしずが設置も簡単で便利ですが、遮光しすぎる傾向があります。一番よいのは遮光率が選べる遮光ネット（園芸店やネットで購入可）。多肉植物には遮光率50％が最適です。

軒下など、日中の数時間は日差しがあり、あとは日陰になるような場所なら、真夏以外は遮光の必要はありません。

※図鑑ページの「栽培のコツ」で「半日陰」と書いてある場合は、こうした工夫で日差しをコントロールする状態を意味しています。

夏型
遮光はあまり必要ないが、鉢の中が高温多湿になるのを防ぐため、扇風機などでときどき風を送るとよい。

春秋型・冬型
遮光ネットなどを用いて、強い日差しをコントロールする。鉢の中が高温多湿になるのを防ぐため、扇風機などでときどき風を送る。

雨と湿度対策

梅雨や長雨の季節は水やりで調節

　多肉植物は、水をやるときはたっぷりと、そのあとは鉢の土が中までしっかり乾くのを待つ。このメリハリが大切です。

　また、梅雨や長雨が続くと、鉢が屋根の下にあっても、なかなか土が乾きません。こうした時期は水やりで調節。いつもは1週間に一度水やりをする鉢には、2週間に一度でOK。とにかく水のやりすぎは禁物です。

冬の寒さ対策

ポイントとなる気温は5℃と1℃

　寒さ対策のポイントは最低気温。最低気温が5℃を下回る時期になったら、冬対策のスタートです。

　夏型は最低気温が5℃を下回るようになる前に、日当たりのよい窓辺など室内に移動。

　春秋型と冬型は、最低気温が6℃以上あれば、屋外に置き、日中、日に当てましょう。室内に移動する場合は、急に暖かい部屋に置くのはダメ。急な温度差は多肉植物によくないので、暖房していない玄関などがおすすめです。

不織布で防寒する場合

春秋型と冬型は最低気温1℃まで大丈夫だが、夜、不織布をかけてもよい。

簡易温室を使う場合

冬でも日中、換気をしないと高温になることがあるので注意。

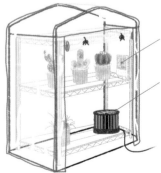

温度計・湿度計を設置。

園芸用のヒーターを入れる。

夏型と春秋型・冬型は温室を分ける。

［温度の目安］

夏型
昼間：20℃／夜：6℃

春秋型・冬型
昼間：10℃／夜：1℃

夏型は室内に移動する

暖房の影響が少ない場所。

ときどき扇風機を利用して送風。

日当たりのよい窓辺。

夏型

［水やり］
葉が残っているうちは水やり。葉が落ちてきたら回数と量を減らし、葉が完全に落ちたら断水して休眠。

［断水の注意点］
根が太い種は断水するが、根が細い種は完全に断水すると弱るので、月1回、表面の土が湿る程度に水をやる。

［室内で冬越し］
最低気温が5℃を下回る前に、室内の日当たりのよい窓辺に移動。暖房で暖かくなりすぎないように注意する。

春秋型・冬型

［関東以西は屋外で］
耐寒性があるので、関東以西の平野部であれば、冬も屋外で栽培が可能。

［温度管理］
最低気温が1℃を下回ったり、寒波がくる、雪が降るなどの予報が出たら、日当たりのよい窓辺など室内に移動。暖房で暖かくなりすぎないように注意。

［水やり］
生育型と品種の違いにより、水やりの回数や量を調節する。

Basic knowledge
of
watering
succulents

水やりの基本

水は株まわりの土に与えるのが基本。葉の上に水がたまると
葉が傷む原因にも。道具を使い分け、適切に与えましょう。

メリハリが水やりの原則

多肉植物の水やりには原則が2つあります。ひとつは「鉢の中の土がしっかり乾くのを待ち、鉢底から流れ出るくらいたっぷり与える」こと。ふたつめは「葉や茎に水がかからないよう、まわりの土にやさしく水をやる」こと。多肉植物は体に水分をたっぷり含むので、多湿に弱いのです。

葉の表情もみる

水やりは基本を守って行いますが、大切なのが、葉の表情をみること。葉が変色してやわらかくなってきたら水のやりすぎ。葉がしおれたとき、白っぽいときは水が足りないしるし。葉が落ちてきたら休眠期に向かっているので水やりの量を減らすなど、葉が出すメッセージをよく観察しましょう。

Point 1 水やりは「朝一番」

水やりの基本は「朝の早い時間」。昼間、太陽が高い時間帯だと、水が鉢の中でお湯になることも。特に夏は厳禁です。また、朝、水やりをすると夕方まで蒸散しますが、夕方だと朝までほとんど蒸散しません。多肉植物は、水やり後、すみやかに乾燥に向かうことが重要です。

Point 2 「土が乾いたら」「たっぷりと」

鉢の外からではわかりにくい土の乾燥状態。簡単でわかりやすい方法は、植木鉢の土に竹串などをさしておくこと。ときどき抜いて、どこまでぬれているかを確かめます。また、水をやる前と後で、鉢を持ってみて、重さの違いを感じておくと、次に持ったとき、乾燥具合を推測できます。

水やりは、鉢底から水が流れ出るくらいたっぷり与えるのが基本。鉢内の老廃物などを流し、新しい空気を送り込むことができます。

竹串などをさしておく。

抜いて湿り具合を確認。

水やりの方法

細口ジョウロ

水は株まわりの土に与えるのが基本。100円ショップの水差しでも。

シャワーロジョウロ

ホコリや害虫を飛ばすため、ときどき上から水をかける。

底面給水（腰水）

株が小さいときや、葉が広がり土に水やりしにくい場合は、鉢底から吸水させてもOK。土の表面が湿ったらすぐ出す。

ブロワー

葉の上などにたまった水滴は、光を集めると葉焼けの原因になるため、ブロワーで吹き飛ばす。

✕ これはダメ

スプレーで水やりしても根には水が届かない。葉茎や株まわりの湿度を上げるだけで、かえって逆効果（※実生苗は別）。

Soil
and
fertilizer
for cactus

土と肥料

多肉植物を育てる土は市販の培養土でOKですが、自分で配合しても。
肥料は、水やりの際に少しずつ溶け出す固形タイプが便利です。

市販の「多肉植物の土」でOK

栽培用の土は、市販されている「多肉植物の土（培養土）」でよいでしょう。多肉植物に適した排水性と保水性、pH（弱酸性）、混ぜ込む肥料などが調整され、ブレンドされています。特に初心者は、土に悩むよりは水やりや日差しなど、管理作業をしっかりやりましょう。市販の培養土で迷う場合は、下の「おすすめの配合」を参考にチェックしましょう。

慣れたら自分で配合しても

多肉植物の栽培に慣れてきたら、自分で土を配合してもOK。その場合、市販品の配合を参考にして、自分の環境に合わせて配合を変えてみましょう。いろいろ試してみるのも、多肉栽培の楽しみの一つです。

また、栽培では定期的に植え替えすることも大切。株分け、仕立て直しに合わせて、新しい土に替えましょう。

栽培に使う主な用土

育苗培土
さし木や葉ざしをするときは、まだ根が細く、弱いので、育苗用の培養土（粒子の細かい培養土）に植えるとよい。

赤玉土（小粒）
火山灰土の赤土から作られる弱酸性の土。粒の大きさで使い分ける。小粒は保水性、排水性のバランスがよく、植物の安定性にも優れている。

軽石
多孔質のため通気性に優れ、排水性、保水性ともによい。産地の火山によって色や性質が異なるが、一般的な軽石は白〜灰色。

鹿沼土
栃木県鹿沼地方で採取される軽石。赤玉土より軽く、白っぽい。酸性寄りで保水性、排水性に優れている。

バーミキュライト
鉱物の蛭石を高温焼成したもので、基本用土を補う改良用土。多孔質で保水性（＞排水性）、保肥性の高い用土を作る。

パーライト
真珠岩を高温高圧焼成したもので、基本用土を補う改良用土。特徴が似ているバーミキュライトは保水性、パーライトは排水性で選ぶとよい。

ゼオライト
火山灰が海や湖の底に積もり、高い水圧などの影響で作られた鉱物。ミクロレベルの穴がある多孔質で、保肥力と通気性に優れた土壌改良剤。

おすすめの配合

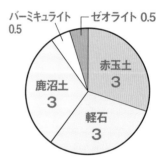

バーミキュライト 0.5
ゼオライト 0.5
赤玉土 3
軽石 3
鹿沼土 3

肥料について

多肉植物はもともと、厳しい環境に適応して生き抜いてきた植物。肥料は、一般的な草花やベランダ菜園などよりずっと少なくてOK。いろいろなタイプがありますが、固形の緩効性肥料や粒状の化成肥料がおすすめ。

また、肥料は一年中与えればよいというものではなく、生育型のタイプによって、与えるタイミングがあります。
※p.26-27「生育型タイプ別・管理作業カレンダー」参照。

固形の緩効性肥料（左）と粒状の化成肥料（右）。土の上に置いておくと水やりのたびに少しずつ溶けてゆっくり効果を発揮する。

Convenient tool
for
cultivation

栽培に便利な道具

多肉植物の栽培にあると便利な道具を紹介します。

土入れスコップ
鉢に土を入れるときに使う。子株の植え替えでは小さな鉢を使うので、スコップは大小あるとよい。

細口ジョウロ
葉や株に水がかからないよう、細口ジョウロを用意する。

シャワーロジョウロ
葉の上から水やりするときに使う。シャワー口を取り外せると便利。

ハサミ
子株や茎、古い根を切るなど、多肉植物の世話に必要不可欠なハサミ。写真のような3タイプがあると便利。

カッター
子株や根を取るときに使う。一般的なカッターで十分なので、自分が使いやすいものを用意する。

ラベル
品種名や作業日を記入して鉢にさす。

ゴム引き手袋
アガベなどトゲの鋭い品種の世話、植え替え時に必要。手のひらの部分がゴム製のものを選ぶこと。

ブロワー
もとはカメラ用。空気でホコリを飛ばす道具だが、多肉植物の世話でも、葉にたまった水を飛ばすなど便利に使える。

ピンセット
枯れた葉や花を取り除いたり、植え替えの際に土をさしてすき間を埋めるなど、あると便利。

鉢を選ぶ

鉢は材質によって通気性や利便性などが異なります。素焼きの鉢は通気性がよく、水が蒸散しやすく、プラスチック鉢は軽くて丈夫、サイズ展開も豊富。鉢底穴の大きさは、水はけの良し悪しにも関係します。また、夏型のコーデックスはあたたかいほうがよいので、熱を集めやすい黒っぽい鉢が適しています。エケベリアなど春秋型品種は白っぽい鉢を含め、どんなタイプも合わせやすいでしょう。

鉢の特性によって水やりのタイミングや量が微妙に変わってきます。土や植物の状態を見ながら、上手に育てましょう。

プラスチック製の鉢
軽くて保水性がよく、いろいろなサイズがある。

陶製の鉢
通気性がよく、蒸れにくい。

ブリキ製の鉢
軽くて扱いやすく保水性がある。鉢底に穴が開いているものを選ぶ。

アンティーク風鉢
多肉植物に合うので使われることが多い。陶製は通気性がよい。厚手のものは保水性も高い。

Calendar for cultivation

生育型タイプ別
管理作業カレンダー

多肉植物は大きく「春秋型」「夏型」「冬型」に分かれます。
それぞれに適した世話のコツを知り、丈夫に育てましょう。

鉢についている名札は
捨てずに取っておこう

多肉植物を購入するときは、その個体の名前、属名などが明記されているものを選び、名札は取っておきましょう。名札がない場合は購入の際に確認し、メモしておくと安心です。

多肉植物には3つの生育型（夏型、春秋型、冬型）があり、それぞれ盛んに生長する季節、ゆるやかになる季節、休眠する季節が異なります。

管理作業は生育型に応じて行いますが、見た目がよく似ていても違う属、ということもあるため、名前や属を正しく知っておくことが重要です。

また、生育型は、多肉植物が盛んに生長する時期の自生地の気温を日本の四季に当てはめたもの。夏型だからいくら暑くても大丈夫、冬型だから寒さに強い、という意味ではないことを覚えておきましょう。

春秋型

代表的な属

アドロミスクス
（クーペリー）

エケベリア
（ラウイー）

クラッスラ
（紅葉祭り）

ハオルチア
（月影）

生長期
春と秋。生育適温は10〜25℃。

水やり
土が乾いたらたっぷり水をやる。夏は生長がゆっくりになり、冬は休眠。真夏は水やりを控えめにし、冬は月に1回が目安。

環境
夏もそれほど高温にならない熱帯や亜熱帯の高原に自生するため、日本の夏の高温多湿に弱い。真夏の管理に特に注意する。

	1月	2月	3月	4月	5月	6月	7月	8月	9月	10月	11月	12月
置き場所	風通しのよい日なた（1℃を下回る日は室内へ）		風通しのよい日なた				風通しのよい半日陰（雨にあたらない工夫を）			風通しのよい日なた		
水やり	1か月に1〜2回の水やり。土が半分湿る程度	徐々に増やす		土が乾いたらたっぷり与える		徐々に減らす	10日に1回、土が半分湿る程度			土が乾いたらたっぷり与える	1か月に1〜2回の水やり。土が半分湿る程度	
肥料		緩効性肥料を1回		緩効性肥料を1回				緩効性肥料を1回（ただし、紅葉させたい場合はやらない）				
作業		植え替え・株分け・葉ざし・さし木の適期						植え替え・株分けの適期				

夏型

代表的な属

アロエ
（鬼切丸）

アガベ
（イシスメンシス）

パキポディウム
（ホロンベンゼ）

サボテン科
（金洋丸）

生長期
夏を中心とした春から秋。気温20〜35℃が目安。冬は休眠する。

水やり
生長期には土が乾いたらしっかり与える。

環境
熱帯の乾燥地帯に自生する種が多いので、夏の多湿は扇風機などを使ってコントロール。冬は最低気温が5℃を下回るようになる前に、日当たりのよい室内へ移動。

	1月	2月	3月	4月	5月	6月	7月	8月	9月	10月	11月	12月
置き場所	日当たりのよい室内			徐々に屋外へ	風通しのよい日なた						5℃を下回る前に日当たりのよい室内に移動	
水やり	断水			徐々に増やす	土が完全に乾いたらたっぷり与える				徐々に減らす		断水	
肥料					緩効性肥料を2か月に1回程度							
作業					植え替え・株分け・さし木の適期							

冬型

代表的な属

アエオニウム
（夕映え）

リトープス
（網目巴里玉）

コノフィツム
（ウビフォルメ）

イーレンフェルディア
（バンジリー）

生長期
秋から春の冷涼な季節に盛んに生長する。夏は休眠。一般的な草花や多くの多肉植物と生育パターンが異なる。

水やり
秋から春は土が乾いたらたっぷり水やりする。冬型だが真冬は生長がにぶるので、水やりも控えめにする。

環境
最低気温が1℃を下回るときや雪の日は室内に移動する。

	1月	2月	3月	4月	5月	6月	7月	8月	9月	10月	11月	12月
置き場所	日当たりのよい室内			風通しのよい日なた			風通しのよい半日陰		風通しのよい日なた		1℃を下回る前に日当たりのよい室内へ	
水やり	月に2回程度土が半分湿る程度		土が乾いたらたっぷり与える			徐々に減らす	1か月に2回、表土が湿る程度に軽く水やり		徐々に増やす	土が乾いたらたっぷり与える		月に2回程度土が半分湿る程度
肥料			緩効性肥料を1回						緩効性肥料を1回			
作業									植え替え・株分け・葉ざし・さし木の適期			

How to grow succulents

さし木・葉ざし・植え替え・株分け

子株が出たり、大きくなって鉢が小さくなるなど、
多肉植物は生長に合わせた管理作業が必要です。

多肉植物を上手に管理しよう

　乾燥地帯など過酷な環境を生き抜いてきた多肉植物は、子株を出したり、落ちた葉から小さな芽が出るなど、ほかの植物とは異なる生長を見せます。栽培していると、葉茎が伸びたり、子株が生長したりと、見た目も変化。また、鉢に根が回ってきたら、植え替えも必要です。子株や葉を上手に利用すると、手軽にふやすことも可能です。

　植え替えやさし木に適した時期は、春や秋。夏は細菌が繁殖しやすく、株が弱ることがあるので、植え替えやさし木などの作業は控えましょう。

（ 目的別の管理作業 ）

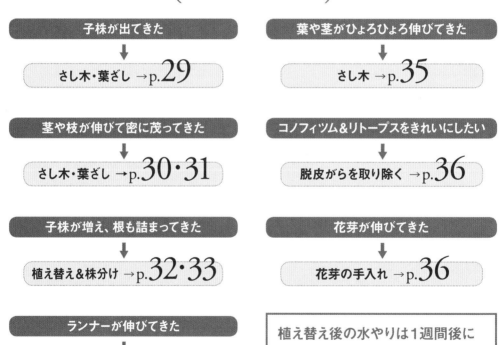

子株が出てきた	葉や茎がひょろひょろ伸びてきた
さし木・葉ざし →p.29	さし木 →p.35
茎や枝が伸びて密に茂ってきた	コノフィツム＆リトープスをきれいにしたい
さし木・葉ざし →p.30・31	脱皮がらを取り除く →p.36
子株が増え、根も詰まってきた	花芽が伸びてきた
植え替え＆株分け →p.32・33	花芽の手入れ →p.36
ランナーが伸びてきた	
さし木 →p.34	

管理作業の注意点 →p.36

多肉植物の病害虫対策 →p.37

植え替え後の水やりは1週間後に

　植え替えや仕立て直し後の水やりは「1週間後」が目安。すぐに水やりをするのは厳禁です。多肉植物は厳しい自然環境で進化したため、まず自分の力で新しい土のなかで根を張ろうとします。植え替え直後は元気がないように見えても、だんだん葉にハリが出て、根が新しい土に適応します。最初の水やりは約1週間後がちょうどよいのです。

case **1**

子株が出てきた

エケベリアやセンペルビブム、アガベ、ハオルチアなど、多肉植物には子株を出す品種がたくさんあります。子株がいくつか出てきたら、株の形を整え、切った株はさし木をしてふやすとよいでしょう。

花うらら
（エケベリア属 p.55）

子株が2つ出て、花芽も伸びている。

さし木する❶　子株を分けて植える

1　土の表面ぎりぎりで子株の茎を切る。

2　土にさす茎が1cm以上あるとよい。

3　葉を広げて植え直したときの形をイメージする。

4　イメージより下の葉を取り除き、形を整える。

5　形よく、下葉を取り除いたところ。

6　花芽は2〜3cm茎を残して切る。

7　カゴなどにさして、切り口を乾燥させる。

8　【1か月後】発根した株。乾いた花茎は引き抜く。

9　乾いた培養土に植える。最初の水やりは1週間後。

10　【2か月後】しっかり根づいて順調に生長中。

葉ざしする❶

　上記のさし木の手順4・5で取った葉を土の上に並べる。半日陰で風通しのよい場所に置き、発根するまでそのままにし、水は与えない。ポイントは、葉を茎から取るときはハサミではなく手ですることと、葉は埋めずに土の上に置くこと。

子株を整えるときに取った葉。

土の上に並べ、日付と種類を書いた札をさす。

マーガレットレッピン
（グラプトベリア属 p.72）

子株が出ている場所や量により、株を傷つけないように注意してハサミを入れる。切ったあとは上記のさし木の手順4以降と同じ。詳しい手順はp.72を参照。

複数の子株が出ているとき

1　子株の茎は、短かったり、ほとんどないものもある。

2　茎が短いときは数枚、葉を残して切る。

3　親株の胴から生えている子株も取ってよい。

case
2

茎や枝が伸びて密に茂ってきた

枝分かれした茎が伸びるタイプは、葉が茂ると重なった部分に光が届かなくなりがちです。仕立て直して形を整えつつ、枝それぞれに光が当たるように考えながらハサミを入れましょう。

ブロンズ姫
（グラプトセダム属 p.73）

枝分かれした茎が生長して伸び、群生している。

春秋型 紅葉時期にブロンズ色が濃くなる。

さし木する❷ 伸びた葉茎を切って仕立てる

1 茎に葉を数枚残した位置で切る。

2 徒長した部分を切ったところ。

3 植え直したときの形をイメージし、いらない葉を取る。

4 茎が1cmほど出るように葉を取る。

5 カゴなどにさして、切り口を乾燥させる。

6 根が出たら乾いた培養土に植える。

7 【2か月後】しっかり根づいて生長中。

葉ざしする❷

幹立ちする品種には、葉ざしできるものと葉ざしに向かないものとがある。写真のブロンズ姫は葉ざしできるが、育つ確率は五分五分なので、発根する可能性を信じてやってみよう。上記のさし木の手順4で取った葉を土の上に並べる。半日陰で風通しのよい場所に置き、発芽するまでそのままにし、水は与えない。

1 さし穂を整えるときに取った葉。

2 葉を並べ、日付と種類を書いた札をさす。

さし木に向く品種

アエオニウム属（p.40）、クラッスラ属（p.66）、セダム属（p.78）、パキフィツム属（p.85）など主にベンケイソウ科の品種がさし木に向く。例として右品種についてそれぞれのページで手順などを解説。

テディベア
（カランコエ属 p.63）
葉を軽く引きながら回して取るとよい。

小米星 こまいぼし
（クラッスラ属 p.70）
枝数本がまとまっている下にハサミを入れる。

熊童子 〈くまどうじ〉
（コチレドン p.77）
伸びた枝それぞれに光が当たるように切る。

ベビーフィンガー
（パキフィツム属 p.84）
さし穂は、葉を茎に少し残して切るとよい。

銀月
（セネシオ属 p.144）

発根するまで時間がかかる品種なので気長に待とう。

↓

【5か月後】

しっかり根づいて順調に生長中。

さし木する❸　葉や茎を切って増やす

1　土にさすときの形などを考えて葉茎を切る。

2　伸びた葉茎を切ったところ。

3　茎が1cmほど出るように葉を取る。

4　葉を取ったあとのさし穂。

5　カゴなどにさして、切り口を乾燥させる。

6　さし穂に発根剤をつけて発根を促すとよい。

7　【2か月後】まだ根が出ていない。

8　【3か月後】さし穂のひとつに根が出始めた。

9　【4か月後】ようやく発根した。

10　ピンセットを使うと植えやすい。最初の水やりは1週間後。

葉ざしした子株を植える

　葉ざしした葉から子株が出たら、土に植える。発根した根の部分が土に隠れるように植え、水やりは親葉が枯れてからが目安。葉ざしに向く品種は、エケベリア属（p.44）、グラプトペタルム属（p.74）、セダム属（p.78）、パキフィツム属（p.85）など。パキポディウム属を代表とするコーデックス（塊根植物）のタイプは、葉ざしには向かない。

黄麗錦
（セダム属）

クラバータ
（クラッスラ属）

発根を促す薬剤

　ルートンは、さし木やさし苗、種子、球根などの発根を促進させる植物ホルモン剤。多肉植物以外にも、一般的な花が咲く植物や樹木、チューリップやヒヤシンス、グラジオラスといった球根類にも使用することができる。園芸店やホームセンター、ネットショップなどで購入可。

　なお、薬剤を使用する際は、食用作物には使用しない、眼に入らないようにするなど、使用上の注意があるので、よく読んでから使用すること。

少量の水で溶き、発根させたい部分につける。

ルートン（発売元：石原バイオサイエンス株式会社）。

さし木・葉ざし・植え替え・株分け

case 3

子株がふえ、根も詰まってきた

親株のまわりに子株が複数つき、鉢の底から根が出ている場合は、植え替えしながら株分けし、仕立て直しを。植え替えは1年に1回が目安。根が鉢にいっぱいになる前に植え替えましょう。

フィリフェラ×
イシスメンシス
（アガベ属 p.130）

鉢の上は子株がたくさん出て、根が詰まっている。

↓

【1か月後】

親株、子株それぞれ、鉢に乾いた培養土を入れて植える。

夏型　鋭いトゲはイシスメンシスに由来。

植え替え&株分けする❶（アガベの場合）

1　鉢の脇をぐっぐっと押して、土をほぐす。

2　少しずつずらして、鉢からはずす。

3　指で土をくずして、落とす。

4　赤っぽい根や、もじゃもじゃした細い根は古くなった根。

5　子株の根元を持ち、少しずつ揺すりながら子株をはずす。

6　からまっている根が子株から切れないように気をつけて、少しずつはずす。

7　親株の古い葉を取る。残っていると腐る原因になるので、ていねいに除く。

8　白く太い根は残し、赤い色の根と古い細い根を取り除く。

9　根を整理したあとの親株と子株。

ほかの品種の植え替えと株分け

　ここで紹介した以外の品種でも植え替えや株分けができる。例として右品種についてそれぞれのページで注意点を中心に解説しているので参考に。

マリーン
（センペルビブム属 p.86）
根が細かいので古い根の処理はていねいに。

ラウイー・ホワイトフォックス（アロエ属 p.92）
葉の先端の枯れている部分はハサミで切る。

バイリシアナ
（ガステリア属 p.94）
親株と子株は、両方の根元を持つと取れやすい。

植え替え＆株分けする❷（ハオルチアの場合）

ピクタ
（ハオルチア属 p.103）

子株が育ち、親株には枯れた葉も。子株の葉が7枚以上出た頃だと育ちやすい。

↓

【植え替え後】

親株と子株の植え替え完了！

1 手首を叩いて振動を与え、中の土をほぐす。

2 鉢の脇をもみ、土をほぐしてもよい。

3 親株を軽く持ち、鉢から出す。

4 株を持つ手をとんとん叩いて、土を落とす。

5 古い根を取る。無理に引っぱらないこと。

6 古い根はボロっと取れる。白い根は新しいので残す。

7 根がきれいに掃除できた状態。

8 枯れた葉は指で引っぱって取る。

9 古い根はピンセットなどで取る。

10 古い根や葉を整理すると子株が自然にはずれる。

11 株分けし、古い葉と根を取り除いたところ。

12 使う土。左から軽石、培養土、化粧石（小粒の軽石）。

レツーサ
（ハオルチア属）
の場合

子株がたくさん出て、根が鉢いっぱいに回っている。植え替えと株分けはp.104を参照のこと。

13 鉢底が見えなくなるくらい軽石を入れる。

14 次に培養土を入れる。

15 植えつけ位置を考えて株を置き、土を足す。

16 ピンセットなどを土にさし、隙間をしっかり埋める。

17 土がきれいに入ったところ。

18 化粧石は下の培養土が見えなくなるまで入れる。

19 化粧石は土ハネや葉が汚れるのを防止し、土の減りを防ぐ。

case 4

ランナーが伸びてきた

多肉植物には、「ランナー」といって、細い茎を伸ばして新芽をつけるタイプがあります。自生地では、伸びたランナーの先の新芽が地面に着いて根づき、ふえる仕組み。鉢栽培では、ランナーを切って植える作業が必要です。

子持ち蓮華
（オロスタキス属 p.77）

何本もランナーが伸び、枯れ葉が出るなど株が弱っている。

↓

【植えつけ後】

ランナーを仕立てたところ。最初の水やりは1週間後。

マクドガリー
（グラプトペタルム属 p.74）
のランナーを植える場合

1
切ったあとのランナー

2
ランナーから出ている細い茎を鉢の内側に向けて植えると形よく仕上がる。

さし木する❹　ランナーを切って植える

1　ランナーが出ている親株の葉の下で茎を1㎝程度残して切る。

2　親株の形をきれいに整えるイメージでランナーを切っていく。

3　切ったランナーは枯れた葉を取り除き、半日陰で3日ほど切り口を乾かす。

4　乾いた培養土にランナーを植える。ピンセットを使うとやりやすい。

生長点をつまみ取って増やす （アエオニウム属 p.40）

1
アエオニウム属には生長点を摘むと新芽を出すものがある。写真はエメラルドアイス（p.41）。

中心部分が生長点。上部を葉ごと取り除く。

2

3
半日陰に置いて通常通りに世話をする。

4
3か月後、つみ取った部分から複数の子株が育っている。これらをつんでさし木すると株をふやせる。

case 5

葉や茎がひょろひょろ伸びてきた

茎が間延びして細くひょろひょろ伸びる「徒長」。徒長すると株が弱り、病害虫や暑さ寒さに対して抵抗力が下がります。徒長苗は元に戻らないので仕立て直しましょう。

乙女心
（セダム属 p.81）

茎がひょろひょろ伸びている。

さし木する❺　徒長枝を再生させて仕立て直す

1 さしやすい長さで茎を切る。木質化している茎は、上の緑色の部分で切る。

2 茎を切ったところ。元の親株も、日当たりのよい場所に置けばそこから芽吹く。

3 植え直したときの形をイメージし、指で軽く広げる。

4 取り除く葉は、くるっと回しながら下に引くと、茎の皮がむけず取りやすい。

5 葉を整理した茎。

6 カゴなどにさして、切り口を乾燥させる。

7 【1か月後】根が出たところ。

8 乾いた培養土に植える。最初の水やりは1週間後。

艶日傘
（アエオニウム属 p.40）

茎が伸びている場合も、仕立て直してさし木するとよい。

さし木する❻　伸びた葉や茎を切って仕立てる

1 ある程度のところで枝を切る。若い茎のほうが根が出やすい。親株にも枝を残し、そこからの発芽も期待する。

2 切ったところ。親株の切り口は緑色であることが大切。

3 カゴなどにさして、切り口を乾燥させる。

4 【1か月後】根が出てきたところ。

5 鉢に乾いた培養土を入れて植える。

6 最初の水やりは1週間後。

徒長させない育て方

多肉植物の自生地は、日光をさえぎるもののない大地である場合がほとんどです。たっぷりの日差しを浴び、風も吹き抜ける環境。気候環境の異なる日本で栽培する場合、できるだけ自生地に近い環境をつくることが大切。「置き場所の基本」(p.20)にあるように、雨のあたらない屋外の風通しがよい場所で、たっぷり日に当てることが、徒長させずに元気に育てるポイント。季節ごとの水やりと温度管理に気をつけて、葉や茎の状態をチェックしながら栽培しましょう。

case 6

コノフィツム&リトープスをきれいにしたい

新しい葉が育ってくると古い葉が枯れて、脱皮するかのようなサイクルを繰り返して生長するコノフィツムとリトープス。株のまわりに古い葉が残っていると、株が傷む原因になるのでタイミングを見て取り除きましょう。

稚児桜
（コノフィツム属 p.120）

新芽が出て、古い葉が枯れている。

冬型 足袋形。鮮やかなピンクの花が咲く。

脱皮がらを取り除く

1 葉を傷つけないように気をつけながら、ピンセットで枯れた部分を取り除く。

2 枯れた花芽があれば取る。

3 上にスッと引き抜くと簡単に取れる。

4 脱皮がらのそうじが終わったところ。

花芽の手入れ

　赤、ピンク、白、オレンジ色、黄色、ドット柄など、多様で美しい花を咲かせる多肉植物。花のつき方もユニークで、バラエティ豊か。花を楽しんだあとは、枯れてきたところで早めに花茎をカットしましょう。

　また、太い花茎が何本も伸びて花を咲かせる多花性の品種では、花をすべて咲かせると親株本体が弱ってしまうことも。親株の生長を促したい場合は、花を咲かせずに、つぼみのうちに切るとよいでしょう。

1

宝草
（ハオルチア属p.99）

2

花後の花茎は、数cm茎を残して切る。

3

しばらくすると残した茎が枯れる。

4

軽く引っぱるだけで取れるようになったら取り除く。

管理作業の注意点

時期

　植え替えは生長期の前にやるのがベスト。適期は春と秋。植え替え時は根のそうじもするため、生長期に根を切るのはよくありません。やむを得ず生育期に植え替えする場合は、根を崩さないようにしましょう。

水やり

　カットしたさし穂や子株、葉は、発根するまで水やりは不要。発根後、培養土に植えたあともしばらく水やりを控えます。水やりは植えつけの約1週間後から行います。

道具の除菌

　管理作業の前後はハサミやピンセットなど、使うものを除菌しましょう。特にハサミは重要。切り口から雑菌が感染するのを防ぐため、作業の前後だけでなく、品種を変えるごとに必ず除菌を。アルコール消毒が簡単です。

写真はハサミを消毒せずに切ったため、雑菌が入ってしまった例。軸が傷み、葉がしわしわになっている。

管理場所

　さし木、葉ざしをしたあとは、切り口をしっかり乾燥させることが重要。半日陰で風通しのよい場所に置きましょう。

切り口を乾きやすくしておこう。

Measures against pests and diseases

多肉植物の病害虫対策

病害虫から守るには、それぞれの生育型にあった世話をすることが大切。
世話の際にはよく観察し、早めに異変に気づけるようにしましょう。

予防と早期発見が大切

　病害虫は、予防と早期発見が大切です。適度な日差しに当て、風通しよく管理するのが基本ですが、強い日差しや水の与えすぎにも注意しましょう。

　また、作業中のハサミなどからウイルスを感染させないように、作業の前後は道具をアルコール除菌することを忘れずに。

主な害虫

カイガラムシ

　吸汁性害虫。体長数mm。白いワタ状、ロウ状などの種類がある。見つけたらやわらかいブラシで削ぎ落し、カイガラムシに効く薬剤を散布。

写真はワタカイガラムシ。

ナメクジ

　鉢の下などに潜んで夜間に食害する。塩で駆除するのは植物にとって悪いのでNG。専用の駆除剤が効果的。

アブラムシ

　吸汁性害虫。繁殖力が強いので、見つけたら増える前に駆除。市販の殺虫剤がよく効くが、消毒用アルコールを半分に薄めたものでも可。

ハダニ

　吸汁性害虫。春に暖かくなってくると出てくる。勢いよく水をかけると駆除できるが、ダニに効く薬剤を散布するほうが効果的。

主な病気

すす病

　植物の葉や茎がススのような黒いカビで覆われる病気。最初は黒い点程度だが、しだいに葉や茎一面に広がり、光合成が阻害されて生育が抑制されてしまう。

　カビの原因は多くが腐生菌で、アブラムシやカイガラムシの分泌した排泄物が好物。カビ自体が植物に生えるのではなく、害虫の排泄物にカビが生えることで発生する病気。

　すす病を発生させないためには、害虫を見つけたらすばやく駆除すること。日当たりと風通しのよい環境に置き、葉や枝が茂ってきたら、仕立て直しや植え替えをすることが予防になる。

軟腐病

　茎や根など植物の傷口に細菌が入り込むことで起こる。たとえば害虫が葉をかじった部分から細菌が侵入し、繁殖すると腐敗して枯れ、悪臭を放つ。菌を持つ株に使ったハサミをそのままほかの株に使うと感染を広げることも。

　軟腐病を防ぐには、①発見したらすぐにその部分を切り取る、②ハサミやナイフ、ピンセットなどを清潔に保つ、③風通しや日当たりなど、菌が繁殖しにくい環境を作る、④仕立て直しなどの作業は晴れた日に行う、以上の4つが大切。

管理障害

日焼け・葉焼け

　強い直射日光に長時間、当たったり、温室や室内に置いていた株をいきなり屋外に出して日に当てると起こるのが植物の日焼け。症状がひどくなると、跡が残ったり、腐敗の原因になったりする。

　日差しの強い季節は遮光ネットで日差しをやわらげるか、明るい日陰に移動する。室内から外に出すときは徐々にならすことが大切。

根腐れ

　鉢の中で根がいっぱいになって根づまりしたり、水のやりすぎで鉢の中が長期間多湿になると、根が腐り、それが茎から葉に達する。気がついたら腐った部分を完全に取り除き、切り口と根を乾燥させて発根を待つ。根が出てきたら乾燥した新しい土に植える。

薬剤の例

ベニカマイルドスプレー（住友化学園芸）

アブラムシ、ハダニ、コナジラミなどに効果。食品成分から生まれた薬剤なので使いやすい。

オルトランDX粒剤（住友化学園芸）

アブラムシ、ミカンコナカイガラムシ、コガネムシなどに効果。土の中の害虫も同時に防除。

アルバリン（アグロカネショウ）

コナジラミ類、ハモグリバエ類、アブラムシ類、アザミウマ類など広範囲の害虫に効果的。ハロゲンを含まないネオニコチノイド系薬剤。

Part

3

人気の多肉植物図鑑

世界中に分布する多肉植物は60〜70の科があり、
園芸種や変種などを含めると2万品種以上あるといわれています。
品種改良は日々すすんでおり、次々に新しい品種が誕生中。
ここではそんな多肉植物の中から全712種を厳選して紹介。
定番種や人気種のほか、珍しい品種まで、
それぞれの生育型や栽培のコツなどをまとめました。

Aeonium

アエオニウム

ベンケイソウ科

原産地：カナリア諸島、北アフリカの一部 ／ 育てやすさ：★★☆ ／ 冬型（一部、春秋型）／
水やり：春秋冬は土が乾いたらたっぷり。真冬は控えめ。夏は月に数回、少量を与える。

［特徴］	［栽培のコツ］
雨の少ない地域で乾燥に耐えるよう進化した種。茎の先端に花のようなロゼット状に葉がつくのが特徴で、幹立ちして上へ上へと生長する。葉色は明るい緑や紅色、黒紫、薄黄の斑が入るものなどさまざま。	夏の暑さ、日差しに弱く、強い日差しを受けると葉焼けを起こすことがあるので、夏は軒下や木陰など半日陰で風通しのよい場所に置く。冬は1℃を下回るようになったら日当たりのよい室内に移動。

艶日傘 つやひがさ
Aeonium arboreum 'Luteovariegatum'

冬型
10cm

淡黄色のまだら模様が美しく、アルボレウム系の中でも人気の高い品種。中型で50cmほどまで伸びる。

ベロア （別名：カシミアバイオレット）
Aeonium arboretum 'Velour'

冬型
13cm

黒法師と香炉盤の交配種。黒法師との違いは葉先が丸いこと。−2℃ほどの耐寒性。関東以西は北風の当たらない屋外で栽培可。

黒法師 くろほうし
Aeonium arboretum 'Zwartkop'

冬型
12cm

艶のある紫黒の葉が魅力。真冬の寒さには弱いので、1℃を下回るようになったら日当たりのよい室内に移動する。

チョコチップ
Aeonium 'Chocolate Tip'

冬型
12cm

小さくロゼット状につく葉姿がかわいらしい。真冬になるとチョコチップのようなドット柄が浮き出る。

カッパーケトル
Aeonium 'Copper Kettle'

冬型

7cm

英名「銅のやかん」の通りの葉色。−3℃ほどの耐寒性があり、関東以西は北風の当たらない屋外で栽培可。

夕映え ゆうばえ
Aeonium decorum f. *variegata*

冬型

11cm

季節によって変化する葉色が美しい。新芽は淡黄色、生長期は葉のふちが紅色に。寒さに弱いので冬は室内へ。

アエオニウム[ベンケイソウ科]

愛染錦 あいぜんにしき
Aeonium domesticum f. *variegata*

冬型

11cm

斑入りが多いアエオニウムのなかでも人気の高い品種。夏は半日陰に置いて葉焼けを防ぐとよい。

エメラルドアイス
Aeonium 'Emerald Ice'

冬型

8cm

黄緑の葉のふちに淡白色の斑が入る様子、整ったロゼット形の葉姿がきれい。紅葉はあまりしない。

小人の祭り こびとのまつり
Aeonium sedifolium

冬型

8cm

学名は「セダムのような葉」。ふっくらとした葉が群生する。休眠期の夏も土が乾いたら水やりを。

姫明鏡 ひめめいきょう
Aeonium tabuliforme var. *minima*

冬型

12cm

湿気を嫌うので、ほかの多肉植物より風通しに気をつける。水やりは1か月に1〜2回、土の表面がぬれる程度に。

Adromischus

アドロミスクス

ベンケイソウ科

原産地：南アフリカ、ナミビアなど ／ 育てやすさ★★☆ ／ 春秋型 ／
水やり：基本は土が乾いたらたっぷりと。夏は断水、冬の水やりは控えめに。

［特徴］	［栽培のコツ］
ぷっくりとふくらんだ葉と個性的な模様や造形が魅力。高さ10cmほどの小型種が多く、生長はゆっくり。葉の模様や色合いは生育環境によっても変化する。葉は取れやすいが、土にさしておくと容易に発根する。	乾燥した砂漠地帯に自生するので、年間を通して乾き気味に育てる。休眠する夏は特に注意が必要で、直射日光を避け、断水する。寒さにも弱く、冬は5℃を下回るようになったら、日当たりのよい室内に移動。

ボルシー
Adromischus bolusii

春秋型
8cm

肉厚な葉に入る斑紋は、紅葉期になると真っ赤に染まる。ゆっくり生育するタイプ。

クーペリー
Adromischus cooperi

春秋型
8cm

厚みのある葉と波立つ葉先、斑点模様が特徴。達磨クーペリは本種の小型種で、葉が丸い。

クリステイタス（別名：永楽）
Adromischus cristatus

春秋型　8cm

斑点模様はなく、波打つ葉先が特徴的。生長すると茎に細かな気根が発生する。

神想曲 しんそうきょく
Adromischus cristatus var. *clavifolius*

春秋型　8cm

葉先がヘラのような形。生長すると毛むくじゃらの幹が伸びて幹立ちする。

インディアンクラブ
Adromischus cristatus 'Indian clubs'

春秋型　8cm

古代より伝わる運動器具インディアンクラブに形が似ている。夏の高温多湿が苦手。

フィリカウリス
Adromischus filicaulis

春秋型

8cm

淡緑の葉にまだら
に赤紫の斑点が
入る。夏は半日陰
か遮光し、春と秋
はよく日に当てる。

松虫 まつむし
Adromischus hemisphaericus

春秋型

8cm

先がゆるくとがっ
た楕円形の葉をた
くさんつける。葉
が落ちやすく、発
根して育っている
ことも多い。

ブライアンメイキン
Adromischus marianiae 'BRYAN MAKIN'

春秋型

8cm

緑色の葉に褐色
の斑点というアド
ロミスクスらしい
模様。葉は小さめ
で生長すると幹立
ちする。

ヘレイ レッドドリアン
Adromischus marianiae var. *herrei* 'Red Dorian'

春秋型

10cm

赤褐色がかったゴ
ツゴツした葉が印
象的。生長のスピ
ードはのんびり。
真夏と真冬は断
水気味に。

アンチドルカツム
Adromischus marianiae var. *antidorcatum*

春秋型

8cm

ぷっくりとした葉
に、アドロミスクス
らしい赤茶色のま
だら模様がユニ
ーク。

トリギヌス
Adromischus trigynus

春秋型

8cm

広葉淡緑の葉に
入る褐色の斑点
はアドロミスクスな
らでは。葉が取れ
やすいので、植え
替えのときは気を
つける。

Echeveria

エケベリア

ベンケイソウ科

原産地：メキシコや中米の高地 ／ 育てやすさ：★★★ ／ 春秋型 ／
水やり：株の中心に水が残ると葉が傷むのでブロワー（p.25）などで吹き飛ばすとよい。冬は0℃以下になったら断水気味に。

［特徴］	［栽培のコツ］
バラの花のようにロゼット形に整った葉姿が特徴。ふちどりのあるものなど、葉の色や形が多様で美しく、人気のある品種。晩秋から春にかけて紅葉する品種が多い。原種から交配種まで、種類も豊富。	自生地の平均的な最高気温は25℃。日本の高温多湿な夏に弱い。日に当てることは大事だが、夏は半日陰に移動するか、遮光ネット、扇風機などを使って、できるだけ涼しい環境を作るとよい。

アフィニス
Echeveria affinis

春秋型
8cm

シックで深い赤紫の葉が人気。夏の紫外線に弱いので半日陰で管理。深紅の美しい花が咲く。

アガボイデス × プリドニス
Echeveria agavoides × pulidonis

春秋型
12cm

肉厚のヘラ形で葉先周辺に赤のふちどりがある。アガボイデスとプリドニスの交配種。

エボニー×メキシカンジャイアント
Echeveria agavoides 'Ebony' × 'Mexican Giant'

春秋型
10cm

アガボイデスの変種エボニーとメキシカンジャイアントの交配種。葉先の爪がシャープ。

アルバビューティ
Echeveria 'Alba Beauty'

春秋型
8cm

淡く少し青みがかった緑色で、丸みのある葉が上品な印象。韓国で交配された人気の品種。

アルフレッド
Echeveria 'Alfred'

`春秋型` `8cm`

ピンクの爪と透明感ある葉肌。交配親は
花うらら(p.55)とアルビカンス。

アレグラ
Echeveria 'Allegra'

`春秋型` `8cm`

葉のふちが内側を向き、立ち気味にロゼット状
に並ぶ姿はきりっとした印象。多湿に注意。

アパス
Echeveria 'Apus'

`春秋型` `10cm`

花うらら(p.55)とリンゼアナの交配種らし
い赤いふちどり。別名はエイプス、アプス。

アリエル
Echeveria 'Ariel'

`春秋型` `8cm`

丸みがあり、ピンクがかった淡い緑色の葉
が特徴。紅葉すると全体がピンクに染まる。

オータムフレイム
Echeveria 'Autumn Flame'

`春秋型` `15cm`

葉のつけ根の緑から深いワインレッドに変わ
るグラデーションが魅力。葉は波打つ。

アボカドクリーム
Echeveria 'Avokado Cream'

`春秋型` `8cm`

ぷっくりと厚みがあり、ピンクの頬紅をつけ
たような葉がかわいらしく、人気の品種。

バンビーノ
Echeveria 'Bambino'

`春秋型`
`15cm`

交配親の一つはラ
ウイー(p.52)。そ
の特徴を引き継い
だ白いパウダーの
かかった葉、薄オ
レンジ色の花が美
しい。

バロンボルド
Echeveria 'Baron Bold'

`春秋型` `11cm`

葉の上にコブができるタイプ。紅葉の赤と深い
緑色、コブの混在する葉は不思議な魅力。

ベンバディス
Echeveria 'Ben Badis'

`春秋型` `8cm`

葉先の爪と葉の裏に入る斑のほんのりとし
た赤がきれい。よく子吹き、群生株をつくる。

美尼王妃晃 びにおうひこう
Echeveria 'Bini-ouhikou'

| 春秋型 | 8cm |

爪の赤さとつややかな葉が特徴。無茎なので株が蒸れないよう、水やりは周辺の土に。

ブルークラウド
Echeveria 'Blue Cloud'

| 春秋型 | 10cm |

青白く、白い粉をまとった葉が上品な印象。水やりは葉にかからないよう周辺の土に。

ブルーオリオン
Echeveria 'Blue Orion'

| 春秋型 | 8cm |

ブルーがかった葉色とエッジと爪を彩る赤とのコントラストが美しく、人気品種の一つ。

ブルースカイ
Echeveria 'Blue Sky'

| 春秋型 | 8cm |

空を仰ぐようなロゼット形がさわやかな印象。赤いエッジがかっこいいシリーズの一つ。

ブルーサンダー
Echeveria 'Blue Thunder'

| 春秋型 | 10cm |

白い粉をまとった迫力あるロゼット形はメキシカンジャイアントの交配種ならでは。

ブラウンローズ
Echeveria 'Brown Rose'

| 春秋型 | 8cm |

細かい毛に守られた肉厚の葉。無茎なので、株が蒸れないよう、水やりは周辺の土に。

カリビアンクルーズ
Echeveria 'Caribbean Cruise'

| 春秋型 | 8cm |

葉のふちに赤い色が入るタイプ。葉の上に水滴が残ったら、ブロワーで吹き飛ばす。

チェリークイーン
Echeveria 'Cherry Queen'

| 春秋型 | 10cm |

淡くピンクがかった微妙な色合いの葉。白い粉を落とさないよう、水やりは周辺の土に。

クリムゾンタイド
Echeveria 'Crimson Tide'

| 春秋型 | 14cm |

フリルのように波打つ大きな葉。紅葉する品種なので、管理作業はp.53を参考に。

エケベリア[ベンケイソウ科]

クリスマスイブ
Echeveria 'Christmas Eve'

`春秋型` `8cm`

緑の葉に赤いふちどり。まさにクリスマスカラーの色合い。寄せ植えのアクセントにも。

クロマ
Echeveria 'Chroma'

`春秋型` `8cm`

小型のロゼット状で幹立ちするタイプ。ハリのある葉は硬めで、季節によって斑が入る。

クララ
Echeveria 'Clara'

`春秋型` `8cm`

ふっくらとした若草色の葉が整然と並ぶ。紅葉すると淡い赤紫に色づく。

クラウド
Echeveria 'Cloud'

`春秋型` `8cm`

葉のふちが反り返る品種の一つ。白い粉に覆われたクリームグリーンの葉は人気の色。

クラウド（石化）
Echeveria 'Cloud' f. *monstrosa*

`春秋型` `8cm`

鉢の右側の株が石化している。

クリスタルランド
Echeveria 'Crystal Land'

`春秋型` `10cm`

きりっとしたフォルムはどちらの遺伝子か。交配親はクリスタルとメキシカンジャイアント。

Column
1

石化 monstrosa と綴化 cristata

【石化】
エケベリア「クラウド」。生長点で分頭を繰り返しているのがわかる。

【綴化】
ユーフォルビア「ラクテア クリスタータ」。ラクテアの白化品種の草姿が通常（p.111）。

植物には「帯化」と呼ばれる現象があります。植物の奇形の一種で、生長点の組織に何らかの突然変異が起きて、本来の規則ではない仕方で分裂、増殖を繰り返すことで、通常の状態とは大きく異なる不可思議な形に変化すること。身近な例では、たんぽぽが異常生育した「おばけたんぽぽ」を見かけることがあります。

多肉植物は帯化を起こしやすい種類で、一般に「セッカ」と呼ばれます。多肉植物のセッカには「石化」と「綴化」がありますが、「石化」は分頭を繰り返し、ロゼットも形成するような場合。「綴化」は成長点が1点ではなく、帯状に成長していく場合につかうことが多いようです。学名は、「石化」はmonstrosa、「綴化」はcristataとなります。

キュービックフロスト

Echeveria 'Cubic Frost'

春秋型　10cm

肉厚の葉が反り返るタイプ。下葉が枯れやすいので、カビたりする前に取り除くとよい。

キュービックフロスト（綴化）

Echeveria 'Cubic Frost' f. *cristata*

春秋型　10cm

どこが分裂、増殖したのかわからないほどユニークに変形した綴化。

クスピダータ

Echeveria cuspidata

春秋型　8cm

多花性。すべての花が咲くと弱ってしまう。つぼみのうちにいくつか花芽をカットする。

ピンクザラゴーサ

Echeveria cuspidata var. 'Pink Zaragosa'

春秋型　10cm

クリーミーな緑色から葉先のピンクに色が変わっていくグラデーションが可憐。

ザラゴーサhyb（ハイブリッド）

Echeveria cuspidata var. *zaragozae* hyb.

春秋型　8cm

すっと細く伸びる爪はほんのり赤い色。エケベリアらしい可憐なオレンジ色の花が咲く。

デビー

Echeveria 'Debbi'

春秋型　8cm

この葉色はカイガラムシがつきやすいので、注意。冬には濃いピンクに紅葉。

静夜　せいや

Echeveria derenbergii

春秋型　8cm

上品な色、整ったロゼット形。小型エケベリアの代表種で、多くの交配種の親として有名。

デレッセーナ

Echeveria 'Derenceana'

春秋型　10cm

上品な雰囲気で、同じ交配親から生まれた姉妹品種「ローラ」とよく似ている。

デローサ

Echeveria 'Derosa'

春秋型　8cm

つややかな葉が特徴。無茎で群生するタイプなので、株が蒸れないように気をつける。

ディックスピンク
Echeveria 'Dick's Pink'

春秋型　11cm

広がらずにすくっと縦になる大きなフリル状の葉。しっかり日に当てて、よい形をめざす。

ドンド
Echeveria 'Dondo'

春秋型　10cm

むちむちとした葉の裏に白い微毛。密に生えるので、水やりは細口ジョウロで。

ダスティローズ
Echeveria 'Dusty Rose'

春秋型　8cm

冬になると、その名の通りくすんだ(dusty)紫に紅葉する。夏はくすんだ緑色に戻る。

エレガンス（別名：月影）
Echeveria elegans

春秋型　10cm

葉のふちが半透明で透きとおるような美しさ。多くの交配種の親になっている。

ポトシナ（別名：星影）
Echeveria elegans potosina

春秋型　8cm

分類上はエレガンスと同種。エレガンスはバリエーションが多く、ポトシナはその一つ。

エレガンスブルー
Echeveria 'Elegans Blue'

春秋型　11cm

上へ上へと生長し幹立ちする。徒長しやすいので、たっぷり日に当てて栽培。

エキゾチック
Echeveria 'Exotic'

春秋型　8cm

交配親であるラウイー（p.52）とトプシーツルビーの特徴を併せもつ、葉のふちが反り返る草姿。

ファビオラ
Echeveria 'Fabiola'

春秋型　10cm

かっちりとしたロゼット形。丈夫で育てやすい。大和錦と静夜（p.48）の交配種。

寒鳥巣　かんとりす
Echeveria fasciculata

春秋型　11cm

冬から春にかけて見事に紅葉する。エケベリアとしては大型で50cmほどまで生長する。

フィオナ
Echeveria 'Fiona'

| 春秋型 | 12cm |

白い粉をまとった赤茶の葉。鈴なりに咲く花が可憐。水やりは周辺の土に。

ファイヤーリップ
Echeveria 'Fire Lips'

| 春秋型 | 8cm |

冬から春にかけて、葉先が真っ赤に紅葉する。寄せ植えにしてもきれい。夏の暑さに弱い。

ファイヤーピラー
Echeveria 'Fire Pillar'

| 春秋型 | 8cm |

丸くカーブした葉は冬〜春にかけて赤く紅葉。紅葉は秋の日当たりと肥料がポイント。

フルールブラン
Echeveria 'Fleur Blanc'

| 春秋型 | 8cm |

透きとおるようなグリーン。冬になると爪がピンクになり、より可憐な印象に。

ジャイアントブルー
Echeveria 'Giant Blue'

| 春秋型 | 12cm |

ピンクのふちどりは寒くなると色を増す。優雅で華やかなフリルエケベリア人気の品種。

ジャイアントブルー（綴化）
Echeveria 'Giant Blue' f. *cristata*

| 春秋型 | 12cm |

綴化と石化が混在しているようなユニークな株。見事な石化が起きている。

ギルバのバラ
Echeveria 'Gilva-no-bara'

| 春秋型 | 8cm |

ツンととがった爪の真紅が印象的。小型品種なので、寄せ植えにすると色のアクセントに。

ゴルゴンズグロット
Echeveria 'Gorgon's Grotto'

| 春秋型 | 14cm |

幹立ちして、葉先は赤く色づき、フリルとコブがある。多肉植物の特徴がいくつもが詰まっているユニークな姿。

グースト
Echeveria 'Gusto'

| 春秋型 | 8cm |

厚めの葉がぎゅっと詰まったロゼット形。株が蒸れないよう、水やりに注意。

白鳳 はくほう
Echeveria 'Hakuhou'

| 春秋型 | 10cm |

淡い若草色とふちのピンクが幅広の葉によ
く映える。バリダ×ラウイー（p.52）の交配種。

花の想婦蓮 はなのそうふれん
Echeveria 'Hana-no-soufuren'

| 春秋型 | 8cm |

寒くなると紅葉。春、黄色い花が咲く。多花
性なので、花芽を適度に摘むとよい。

花月夜 はなづきよ／かげつや
Echeveria hyb.

| 春秋型 | 10cm |

菊の花のように広がるロゼット形が美しい。
一株で楽しむもよし、寄せ植えにも合う。

ヘラクレス
Echeveria 'Heracles'

| 春秋型 | 10cm |

ギリシャ神話の英雄の名がついているが、
黄色の可憐な花が咲く。

ヒューミリス
Echeveria humilis

| 春秋型 | 8cm |

葉のふちが半透明になっていて美しい品
種。品よく仕上げたい寄せ植えに。

ヒアリナ
Echeveria hyalina

| 春秋型 | 8cm |

エレガンスの変種とされていたが、2017年
に原種と再認定。以前の名はヒアリアナ。

アイリッシュミント
Echeveria 'Irish Mint'

| 春秋型 | 8cm |

静夜（p.48）とトプシィターピーの交配種。紅
葉せず、一年を通してミントグリーン。

アイボリー
Echeveria 'Ivory'

| 春秋型 | 7cm |

明るいパステルグリーンで、厚みのある葉が
かわいらしい。子株が多数出て群生する。

ジョアンダニエル
Echeveria 'Joan Daniel'

| 春秋型 | 8cm |

葉の表面に微毛があり、ベルベットのような艶。
葉が蒸れやすいので、水やりは周辺の土に。

ジュピター

Echeveria 'Jupiter'

| 春秋型 | 8cm |

リボンを結んだような雰囲気でかわいらしい。白い粉がついているので、水やりに注意を。

ラウリンゼ

Echeveria 'Laurinze'

| 春秋型 | 10cm |

生長すると25cmほどになる。白い粉はラウイーの遺伝子。上品な色の紅葉が美しい。

ローラ

Echeveria 'Lola'

| 春秋型 | 8cm |

シャーベットグリーンの葉が美しい。子株を出して群生。デレッセーナ（p.48）と姉妹交配種。

月迫の薔薇 けっせるのばら

Echeveria 'Kessel-no-bara'

| 春秋型 | 8cm |

No.15という謎の親をもち、ミステリアスな雰囲気。紅葉するとオレンジがかった色に変化。

リンダジーン

Echeveria 'Linda Jean'

| 春秋型 | 10cm |

紅葉したときの紫が印象的。夏は淡い藤色。直射日光に弱いので、夏は半日陰へ。

ラパン

Echeveria 'Lupin'

| 春秋型 | 8cm |

ラウイーゆずりの白い肌とふちのピンクが上品。下葉が枯れてきたら、こまめに取り除く。

ラウイー

Echeveria laui

| 春秋型 | 10cm |

白い粉を全身にまとった姿は、まさに白エケベリアの女王。多くの交配種の親でもある。

リンゼアナ×メキシカンジャイアント

Echeveria lindsayana × 'Mexican Giant'

| 春秋型 | 8cm |

コロラータの変種リンゼアナとメキシカンジャイアントの交配種で、存在感のある草姿。

マクドガリー

Echeveria macdougallii

| 春秋型 | 9cm |

枝の先には4cmほどのロゼット。冬には紅葉して葉先が赤くなる。寄せ植えのアクセントに。

ミニベル
Echeveria 'Minibelle'

春秋型 | 8㎝

20～30㎝の高さに育ち、樹木状に。冬には紅葉し、葉先が赤くなる。花はオレンジ色。

モーサン
Echeveria 'Mosan'

春秋型 | 8㎝

寒くなるとピンクに紅葉する丸みのある葉と整ったロゼット形で人気の品種。花は黄色。

渚の夢 なぎさのゆめ
Echeveria 'Nagisa-no-yume'

春秋型 | 10㎝

葉には微毛。葉に水が残ると傷みやすい。セトーサミノール（p.58）の交配種。

桃太郎 ももたろう
Echeveria 'Momotarou'

春秋型 | 10㎝

真紅の爪が桃太郎という名前の由来か。

紫日傘 むらさきひがさ
Echeveria 'Murasakihigasa'

春秋型 | 8㎝

小さめのロゼットが茎の先につき、幹立ちするタイプ。紅葉時にはオレンジ色になる。

野バラの精 のばらのせい
Echeveria 'Nobara-no-sei'

春秋型 | 8㎝

一年を通して葉の色に変化はなく、冬に爪が赤く紅葉する。葉ざしでよく増える。

ムーンガドニス（別名：織姫）
Echeveria 'Moongadnis'

春秋型 | 8㎝

花うらら（p.55）と静夜（p.48）の交配種。短い茎に子を出して群生する。別名にエッシャーなど。

Column 1

きれいな紅葉にするために

多肉植物での紅葉は、エケベリアやクラッスラなど春秋型によく見られます。ユニークなのは、紅葉したあと落葉せずにそのまま色が元に戻るところ。色の変化を楽しむポイントは「肥料」「日当たり」「温度」です。

＊秋の肥料をやらない（→p.26「生育型タイプ別　管理作業カレンダー」参照）。

＊9月のお彼岸の頃から春先まで屋外に置き、よく日に当てる。

＊紅葉には寒さが必要なので、基本的には屋外にずっと出しておくが、0℃を下回る日には日当たりのよい室内に移動。

春に暖かくなってくると、少しずつ色が緑の葉色に戻ります。3月と5月には肥料を与えましょう。

クラッスラ（火祭り）の紅葉。

ノバヒネリア×ラウイー

Echeveria 'Novahineriana' × *laui*

春秋型　8cm

小さな赤い爪がかわいい白いエケベリア。よく株分かれして群生する。

オリビア

Echeveria 'Olivia'

春秋型　10cm

艶のある葉にとがった赤い爪が入る。グラプトベリア属とする見解もある。

思い出露　おもいでつゆ

Echeveria 'Omoide-tsuyu'

春秋型　8cm

相府蓮とデローサ(p.48)の交配種。冬は真っ赤に紅葉するので、寄せ植えのアクセントにも最適。

オウンスロー

Echeveria 'Onslow'

春秋型　8cm

マスカット色の葉、冬はピンクに紅葉、花もピンクとオレンジ色と、かわいらしい。

オリオン

Echeveria 'Orion'

春秋型　10cm

よく流通しているのに交配親が不明というエケベリアの一つ。ほんのりピンクの葉が特徴。

オセイン

Echeveria 'Ossein'

春秋型　8cm

緑の葉にくっきりとした赤いふち。コントラストがきれいな品種。葉が密なので多湿に注意。

ピーチプリデ

Echeveria 'Peach Pride'

春秋型　8cm

まるい大きな葉は紅葉すると桃色になり、まさにピーチ。ガーリーエケベリアのプリンセス。

ピーチスアンドクリーム

Echeveria 'Peaches and Cream'

春秋型　10cm

平らで丸い葉にピンクのふちどり。かわいい雰囲気の中に、少し落ち着きのあるタイプ。

ピーチモンド

Echeveria 'Peachmond'

春秋型　8cm

スマートな形と艶のあるマスカットグリーンが上品な印象。

サブセシリス
Echeveria subsessilis

`春秋型` `10cm`

ブルーグレーの葉は一年を通してあまり変わらず、ふちが少しピンクに紅葉する。

パールフォンニュルンベルグ
Echeveria 'Perle von Nürnberg'

`春秋型` `10cm`

冬になるとよりパープルピンクに色づく。上に伸びていくので、胴切りして整えるとよい。

ピオリス
Echeveria 'Piorisu'

`春秋型` `10cm`

落ち着いた色合いだが、冬になるとピンクに紅葉。15cmほどのロゼットに生長する。

ピクシー
Echeveria 'Pixi'

`春秋型` `10cm`

小さな青緑の葉がぎっしり並ぶ小型のエケベリア。群生するので多湿に注意。

プレトリア
Echeveria 'Pretoria'

`春秋型` `8cm`

紅葉時期には葉先の爪とその周辺がピンクに色づき、かわいらしい印象に。

森の精 もりのせい
Echeveria pringlei var. *parva*

`春秋型` `12cm`

初冬の紅葉期、葉先の深い赤と花のオレンジ色の両方を楽しめる。ロゼットは小さめ。

プリズム
Echeveria 'Prism'

`春秋型` `8cm`

中心部ほど密に葉が重なり、だんだん開いていくロゼット形。株分けされてよくふえる。

花うらら （別名：プリドニス）
Echeveria pulidonis

`春秋型` `8cm`

葉の色、ふちの赤、形のよいロゼット形は、完璧なエケベリアとも。数多くの交配親。

プリドニス×ベビーフィンガー
Echeveria pulidonis × 'Baby Finger'

`春秋型` `8cm`

ふくふくした葉のベビーフィンガーと花うららの交配種。いいとこどりのかわいらしさ。

フロスティ
Echeveria pulvinata 'Frosty'

| 春秋型 | 10cm |

繊細な毛で覆われたビロードのような美しい葉。上に伸びるので適度に仕立て直しを。

錦晃星　きんこうせい
Echeveria pulvinata 'Ruby'

| 春秋型 | 12cm |

ビロードのような美しい葉は、冬の寒さにあたると真っ赤に紅葉する。

パープルプリンセス
Echeveria 'Purple Princess'

| 春秋型 | 8cm |

スプーンのような葉が広がる美しいロゼット。葉に水がたまらないよう気をつけて水やりを。

ラミレッテ（別名：ペインテッドビューティ）
Echeveria 'Ramillete'

| 春秋型 | 8cm |

アップルグリーンの葉は、冬にはオレンジ色に紅葉。寄せ植えのアクセントカラーに。

ラミレッテ（綴化）（別名：ペインテッドビューティ）
Echeveria 'Ramillete' f. *cristata*

| 春秋型 | 10cm |

ラミレッテの綴化。

レズリー
Echeveria 'Rezry'

| 春秋型 | 8cm |

細身の葉が花びらのように並ぶロゼット形。寒くなると赤紫に紅葉し、本当に花のよう。

リガ
Echeveria 'Riga'

| 春秋型 | 8cm |

ルビーピンクのふち色がきれい。無茎なので株が蒸れないよう、水やりは周辺の土に。

リガ
Echeveria 'Riga'

| 春秋型 | 12cm |

エケベリアには珍しく、リガにはコーデックス（p.19）のように茎が大きく育つ株がある。

ロメオルビン
Echeveria agavoides 'Romeo Rubin'

| 春秋型 | 6cm |

ルビーの名を持つ深い赤が魅力。直射日光に弱いので、真夏は半日陰に置く。

ロンドルビン
Echeveria 'Rondorbin'

`春秋型` `9cm`

うっすらと微毛のある葉は冬には淡いオレ
ンジ色に紅葉。枝が出て低木のように育つ。

ロスラリス
Echeveria 'Rosularis'

`春秋型` `8cm`

スプーンのように内側にくるっと曲がる葉が
特徴。オレンジ色のエケベリアらしい花。

ルビーノバ
Echeveria 'Ruby Nova'

`春秋型` `10cm`

ふちの赤はそのまま残りつつ、冬は葉先を
中心に澄んだ黄色に紅葉。花も黄色。

サンルイス
Echeveria 'San(or Santa) Luis'

`春秋型` `8cm`

葉先と葉の裏が赤いへら状の葉が並ぶ美
しいロゼット。呼び方がまだ定まっていない。

沙羅姫牡丹 さらひめぼたん
Echeveria 'Sarahimebotan'

`春秋型` `8cm`

気温が下がると葉の裏側から徐々に紫に
色づいてくる。気品あるグラデーション。

スカーレット
Echeveria 'Scarlet'

`春秋型` `8cm`

ふっくらとした葉が密に重なるきれいなロゼ
ット形。子株をたくさん出して群生する。

セレナ
Echeveria 'Selena'

`春秋型` `8cm`

剣のような細長い葉と葉先の赤紫が特徴。
エケベリアらしい黄色い花が咲く。

センセプルプ
Echeveria 'Sensepurupu'

`春秋型` `8cm`

センセメジオと細葉大和錦の交配種。少
し大きめのロゼットに育ち、存在感がある。

シャンソン
Echeveria 'Shanson'

`春秋型` `7cm`

マスカットグリーンの葉は冬にはオレンジ色
に紅葉。透きとおるような色合いが可憐。

七福神 しちふくじん
Echeveria secunda 'Shichifuku-jin'

春秋型	12cm

明治時代に輸入されたといわれており、家の軒先で群生している姿を見かけることも。

セクンダ（綴化）
Echeveria secunda f. *cristata*

春秋型	8cm

多くの産地違いや亜種のあるセクンダの綴化。青みを帯びた葉が上品な印象。

ルンデリー
Echeveria runderii

春秋型	8cm

デミヌタとも呼ばれる。葉先に短い毛がちょびちょび。暑さに弱い。

セトーサミノール（和名：青い渚）
Echeveria setosa var. *minor*

春秋型	8cm

セトーサファミリーの中で原種セトーサに一番近い。紅葉すると葉裏が紫に。暑さに弱い。

シモヤマコロラータ
Echeveria 'Shimoyama Colorata'

春秋型	10cm

コロラータファミリーの一つとされているが、謎も多い。原種のコロラータと特徴が近い。

白雪姫 しらゆきひめ
Echeveria 'Shirayukihime'

春秋型	8cm

白い粉をまとうピンクがかった葉。花うらら（p.55）と月影（p.49）の交配種とされる。

多肉植物のお手入れ petit

【胴切り→さし木で仕立て直し】
エケベリア 七福神

幹立ちして生長するタイプや柱状サボテンなどを仕立て直す場合、「胴切り」という方法で行います。切ったあとの茎は日陰に置いて、切り口をしっかり乾かし、発根を根気よく待つのがポイントです。

1 親株のまわりに子株が出て生長し、鉢がいっぱいになっている。

2 太いものも切れるサイズのハサミで親株を切り離す。

3 発根や植えるときのために、軸は1〜1.5cmほど残して切るとよい。

4 切った親株をガラスビンなどにさして風通しのよい日陰に置き、切り口を乾かす。

シルバーポップ
Echeveria 'Silver Pop'

`春秋型` `8cm`

スマートな葉の先端にはツンとした爪。品のよい印象。淡い色でそろえる寄せ植えなどに。

スノーバニー
Echeveria 'Snow Bunny'

`春秋型` `8cm`

中心から開いていくロゼット形がきれい。白い粉を落とさないよう水やりは周囲の土に。

ソーブコリンボサ
Echeveria sp.

`春秋型` `8cm`

冬の紅葉期には葉全体が淡いピンクに。長い葉は寄せ植えのアクセントになる。

スペクタビリス
Echeveria 'Spectabilis'

`春秋型` `8cm`

冬の紅葉時期には濃いピンクに色づく。ロゼットが広がるので、寄せ植えのメインにも。

サブコリンボサ ラウ030
Echeveria subcorymbosa 'Lau 030'

`春秋型` `10cm`

短い茎によく子株を出して、こんもりと群生する。梅雨から夏の多湿に注意。

澄江 すみえ
Echeveria 'Sumie'

`春秋型` `10cm`

女性の名前のようで妙に気になる澄江。紫の葉が上品。紅葉期に葉はピンクに。

`1か月後`

5 根が出てきたら、鉢に乾いた培養土を入れて植える。

`2か月後`

6 根もしっかりついて、順調に生長中。

 7 親株の切り株跡もかくれるほど、子株もその場所で順調に生長中。

`3か月後`

8 子株もずいぶん大きくなってきたので、株分けして、植え替える準備を。

`5か月後`

9 子株を植え替えたものも順調に生長。まわりに子株が出てきたら、1のふりだしに戻る。どんどん増えていくので、誰かにプレゼントしても楽しい。

ティッピー
Echeveria 'Tippy'

`春秋型` `8cm`

淡いグリーンの葉にピンクの爪。紅葉は葉の裏もピンクに。ガーリーな寄せ植えに。

ツルギダ
Echeveria turgida

春秋型　　8cm

肉厚の葉ととがった爪。正統派エケベリアといった草姿だが、謎の多い品種でもある。

紅化粧 べにげしょう
Echeveria 'Victor'

春秋型　　8cm

枝を伸ばし樹木型になる。枝先につくロゼットとルビーレッドのふちどりがバラの花のよう。

ウォーターリリー
Echeveria 'Water Lily'

春秋型　　8cm

睡蓮の花という名。ペールブルーの葉は冬の紅葉時、さらに白くなり、上品な美しさ。

ホワイトシャンペン
Echeveria 'White Champagne'

春秋型　　10cm

ピンクや紫などカラーバリエーションがあるシャンペンシリーズ。紅葉して赤くなっている。

ホワイトゴースト
Echeveria 'White Ghost'

春秋型　　8cm

白い粉をまとい、ゆらゆらと波打つ葉先。形よく育てるには生長期の日当たりが重要。

Column 1

新しい品種名をつけるルール

国際ルール

植物の名前は「原種の名前」と「交配種（園芸種や流通名）の名前」の、大きく2つに分けられます。原種の名前は国際的に認められている名前で、それを勝手に変えることはできません（ただし、「和名」として日本国内だけで使うことは可能）。

交配種名のつけ方

国際的に定められた規則のうち、いくつかをご紹介しましょう。
1. 一部の語句を除いて自由につけられるが、Pinkなどの形容詞はそれ単体では使えない。
2. 交配式は母の名が先、父の名が後ろ。
3. 正式名は出版物や権威あるサイトなどに先に発表されたものが優先される。自分のつくった品種に名前をつけるときは、同じ名前がないか調査してから命名すること。
4. アルファベット30文字以内。漢字名はローマ字表記にする。

大和姫 やまとひめ
Echeveria 'Yamatohime'

春秋型　　8cm

小さめロゼットで、子株を出して群生する。多花性なので、つぼみのうちに少し切る。

大和の薔薇 <small>やまとのばら</small>
Echeveria 'Yamato-no-bara'

春秋型 ｜ 8cm

寒くなると葉裏から赤く紅葉していく。大輪の花のような形が見事。

雪雛 <small>ゆきびな</small>
Echeveria 'Yukibina'

春秋型 ｜ 10cm

冬の紅葉は葉が白っぽくなる。ほかの品種にはない色合い。秋にしっかり日に当てる。

長葉ザラゴーサ <small>ながばざらごーさ</small>
Echeveria 'Zaragozae Long Leaf'

春秋型 ｜ 8cm

細長い葉のロゼット形は長葉系ならではのフォルム。日当たりなどに気を配り、よい形に。

ギャラクター
Echeveria hyb.

春秋型 ｜ 8cm

花魅惑とザラゴーサの交配種。ツンと鋭い爪の紅色が魅力的な品種。

シルアンス
Echeveria hyb.

春秋型 ｜ 8cm

マスカットグリーンの葉に落ち着いたピンクのふちどりがきれい。寄せ植えのアクセントに。

ジルバ
Echeveria hyb.

春秋型 ｜ 8cm

大きめの葉が重なる形が美しい。葉の間に水がたまりやすいので注意。

バショゴーサ
Echeveria hyb.

春秋型 ｜ 8cm

マゼンタピンクのきれいな花が咲くが、多花性なので、つぼみのうちにいくつかカットを。

ハルゲンビリー
Echeveria hyb.

春秋型 ｜ 12cm

小型で子株を出して群生するタイプ。遠目からでもわかるとがった爪が特徴。

リラ
Echeveria hyb.

春秋型 ｜ 8cm

ペールグリーンが美しい白いエケベリア。一年を通してほぼ色が変わらない。

エケベリア[ベンケイソウ科]

Kalanchoe

カランコエ

ベンケイソウ科

原産国：マダガスカル島など ／ 育てやすさ：★★★ ／ 夏型 ／

水やり：生長期は土が乾いたらたっぷりと。細かい毛が生えている品種は葉にかからないよう周辺の土に水やりを。長雨にも注意。

［特徴］	［栽培のコツ］
葉や株全体が細かいビロードのような毛に覆われているものや切れ込みの多い葉、美しい模様が入る葉など、個性的な葉姿が楽しい品種。サイズも小型のものから2m以上に育つものまでバラエティ豊か。	夏型なので基本的にはたっぷり日に当てる（真夏の直射日光は遮光が必要）。逆に耐寒性は低く、最低気温が5℃を下回るようになったら、室内の日当たりのよい場所で、断水気味に管理。

ベハレンシス（別名：仙女の舞 _{せんにょのまい}）

Kalanchoe beharensis

`夏型`　`11cm`

葉には白い微毛。生長すると樹木状になるが、仕立て直しで小さめに育てることも。

ファング

Kalanchoe beharensis 'Fang'

`夏型`　`11cm`

ふわふわの毛と葉の裏につく突起のアンバランスが魅力。多湿に弱いので乾燥気味に。

仙人の扇 せんにんのおうぎ

Kalanchoe beharensis 'Latiforia'

`夏型`　`11cm`

数あるベハレンシス園芸種のうちの一つ。葉のふちが大きく波打つ。

朱蓮 しゅれん

Kalanchoe longiflora var. *coccinea*

`夏型`　`8cm`

葉の表と裏、赤と緑のコントラストが美しい。たっぷり日に当てることで色の違いが際立つ。

日蓮の盃 にちれんのさかずき

Kalanchoe nyikae

`夏型`　`8cm`

丸みのある葉が重なるように生長していく。秋から冬にかけて赤紫に紅葉する。

仙人の舞 せんにんのまい

Kalanchoe orgyalis

`夏型`　`8cm`

表面が褐色の微毛に覆われて、ビロードのような質感。寒さに弱い。

白銀の舞 はくぎんのまい

Kalanchoe pumila

夏型

11cm

白い粉で覆われた
美しい銀の葉。枝
分かれしながら上
へと生長する。春
先にピンクの花が
咲く。

デザートローズ（別名：唐印 とういん）

Kalanchoe thyrsiflora

夏型

8cm

白い粉をまとい、
夏は緑、秋から冬
は赤く紅葉。幹立
ちして上へと伸び、
晩秋に小さな白い
花が咲く。

カランコエ［ベンケイソウ科］

Column

「仙」「扇」「舞」「兎」「福」が多いカランコエのネーミング

　多肉植物の園芸種の名前
や和名には凝ったものが多い
ですね。この名前をつけた人
はどんな思いでつけたのだろ
う、作出者はどんな方なんだろ
うと興味がわきます。
　カランコエは、「仙」「扇」「舞」
「兎」「福」の漢字が目立ちます。
ここで取り上げたものだけで
も、「仙女の舞」「仙人の扇」「仙
人の舞」「白銀の舞」。「仙人の
舞」は「天人の舞」という名前
で流通しているものもあるよう
で、混乱してしまいます。

仙人の舞

多肉植物のお手入れ petit

【伸びた茎や枝を切って仕立て直し】

カランコエ テディベア

Kalanchoe tomentosa 'Teddy Bear'

夏型

生長が遅いので
気長に育てよう。

1　日当たり、風通しを
　　考えてカット。

2　葉は軽く引きながら
　　回して取り除く。

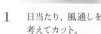

3　約2ヶ月後、
　　根が出てきた。

4　用土に植えて
　　生長中。

'Rabbit' Family

ふわふわかわいい

人気の "うさぎ" ファミリー

ビロードのような風合いの細長い葉が、
まるでうさぎの耳のようでかわいらしいカランコエの仲間のトメントーサ種。
白く細かい毛に覆われた葉に茶色の斑が入る「月兎耳」が一般的ですが、変異個体も多く、
それぞれの特徴を表した「○○兎耳」や
色のイメージでつけられた園芸種名で流通しています。
そんな "うさぎ" ファミリーをまとめてご紹介します。

月兎耳 つきとじ

Kalanchoe tomentosa

夏型　10cm

うさぎファミリーの原種。トメントーサ種の栽培で最も気をつけることは寒さ対策。最低気温が5℃を下回るようになる前に、日当たりのよい室内に移動する。葉を覆う細かい毛は強い日差しから葉を守るため。日本の夏の高温多湿・直射日光が苦手なので、遮光ネットや扇風機などを使ってうまくコントロールしよう。

黄金月兎耳 おうごんつきとじ（別名：ゴールデンラビット）

Kalanchoe tomentosa 'Golden Girl'

夏型

10cm

月兎耳より少し黄色味のある毛。

野うさぎ のうさぎ

Kalanchoe tomentosa 'Nousagi'

夏型

9cm

月兎耳より葉が短めで、葉も斑も全体的に色が濃い。

ドットラビット
Kalanchoe tomentosa 'Dot Rabbit'

夏型

10cm

月兎耳よりも斑が濃く大きめ。

パンダうさぎ
Kalanchoe tomentosa 'Panda Rabbit'

夏型

10cm

トメントーサ種で花が咲くのはとてもレア。花弁やガク片、花柄も細かい毛に覆われている。

カランコエ[ベンケイソウ科]

ジャイアントラビット
Kalanchoe tomentosa 'Giant'

夏型

13cm

ほかの品種よりも大きく、葉も肉厚。

チョコレートソルジャー
Kalanchoe tomentosa 'Chocolate Soldier'

夏型

10cm

たっぷり日に当てるときれいなチョコレート色になる。

シナモン
Kalanchoe tomentosa 'Sinamon'

夏型

10cm

チョコレートソルジャーよりは少し赤茶系。

福兎耳　ふくとじ
Kalanchoe eriophylla

夏型

11cm

トメントーサ種ではないが、名前に「兎」がつくので"うさぎ"ファミリーとしてご紹介。上へは伸びず、株が増えて群生する。

Crassula

クラッスラ

ベンケイソウ科

原産国：主に南アフリカ ／ 育てやすさ：★★☆ ／ 生育型が3パターンある。夏型・春秋型・冬型 ／
水やり：生育型にもよるので、入手したとき、どのタイプかを確認。

[特徴]

人気の小型種の生育地は冬に雨が降る地域、その他は夏または季節を問わず雨の降る地域、ごく一部はほとんど雨の降らない地域など、原産地の気候が大きく異なるため、植物の特徴も幅広い。

[栽培のコツ]

基本的には日当たりと風通しのよい場所で育てる。夏に休眠する冬型や春秋型は真夏の高温多湿が苦手なので直射日光を避けた明るい日陰に。クラッスラの夏型タイプは屋外で雨ざらしでも栽培可能。

茜の塔 あかねのとう
Crassula capitella

春秋型
8cm

小さな葉を重ねるように生長していく。春に香りのよい白い花が咲く。

茜の塔錦 あかねのとうにしき
Crassula capitella f. *variegata*

春秋型
9cm

生長点近くの新しい葉にサーモンピンクの色がさす美しい斑。新芽を守るための色。

火祭り ひまつり
Crassula capitella 'Campfire'

春秋型　9cm

寒さが増してくると赤みも増す。耐寒性、耐暑性が強く、丈夫。寄せ植えのアクセントに。

火祭りの光 ひまつりのひかり
Crassula capitella 'Campfire' f. *variegata*

春秋型　8cm

火祭りの斑入り種。黄緑の葉にクリーム色の覆輪斑が入り、冬にピンクに紅葉する。

ブルーリボン
Crassula 'Blue Ribbon'

春秋型　8cm

地面からリボンが生えているような草姿が、他の多肉植物にはない魅力。冬に紅葉する。

セリア
Crassula 'Celia'

春秋型　8cm

珍種・都星とカクカクした葉がユニークなスザンナエとの交配種。小さな株が群生する。

クラバータ
Crassula clavata

春秋型　8cm

秋や春にたっぷり日に当てるときれいに色づく。増えやすいので生長期前に仕立て直しを。

コルデタ
Crassula cordata

夏型　8cm

ひらりとした葉のラインが上品で人気の品種。花茎にムカゴができて落ち、増えていく。

クラッスラ[ベンケイソウ科]

デイビッド
Crassula 'David'

春秋型　8cm

小さくぷっくりとした葉のふちと裏に細い針のような毛。冬には茜色に紅葉する。

クーペリー（別名：乙姫、あかり等）
Crassula exilis ssp. *cooperi*

春秋型　11cm

葉をよく見ると赤い点や微毛、裏側の茜色など美しい。高温多湿と直射日光に弱い。

ブロウメアナ
Crassula expansa ssp. *fragilis*

春秋型　10cm

かわいらしいフォルムで、寄せ植えのアクセントにも便利だが、高温多湿に弱いので注意。

ガーネットロータス
Crassula 'Garnet Lotus'

春秋型　10cm

白い粉をまとう葉は色合いとも相まってビロードのよう。たっぷり日に当ててきれいな色に。

銀盃　ぎんぱい
Crassula hirsuta

春秋型　11cm

しなやかで細長い葉を出し群生する。春には長く伸びた花茎の先に白い小さな花が咲く。

赫麗　かくれい
Crassula hyb.

春秋型　10cm

深紅に紅葉する様は美しく、よく見かけるのに謎も多い品種。株元の緑との対比がきれい。

Part 3 | 人気の多肉植物図鑑

アイボリーパゴダ
Crassula 'Ivory Pagoda'

| 春秋型 | 10cm |

白毛に覆われた葉が重なるように生長。高温多湿に弱いので風通しのよい場所で。

銀箭 ぎんぞろえ・ぎんせん
Crassula mesembrianthoides

| 春秋型 | 11cm |

小動物のしっぽのような葉がかわいらしい。葉の先が紅葉。寄せ植えのアクセントに。

オルビキュラリス
Crassula orbicularis

| 春秋型 | 8cm |

ランナーを出し、株分かれも盛んで、ふやす楽しみがある。夏は風通しのよい半日陰に。

洛東 らくとう
Crassula lactea

| 春秋型 | 8cm |

幹立ちし、枝分かれしながら生長する。丈夫で育てやすい。冬に香りのよい白い花。

紅葉祭り もみじまつり
Crassula 'Momiji Matsuri'

| 春秋型 | 8cm |

火祭り(p.66)より小型。冬の紅葉が見事。きれいな赤にするには秋の肥料を控える。

姫黄金花月 ひめおうごんかげつ
Crassula ovata sp.

| 夏型 | 14cm |

昔から「金のなる木」として知られるovata種のひとつ。ふちの紅葉がかわいらしい。

若緑 わかみどり
Crassula lycopodioides var. *pseudolycopodioides*

| 春秋型 | 8cm |

小さなウロコ状の葉。生長し下の葉が落ちて茎が目立ってきたら、さし木で仕立て直す。

青鎖竜 せいさりゅう(別名:ムスコーサ)
Crassula muscosa

| 春秋型 | 8cm |

葉の間に見える黒いものは花が咲いた跡。春、茎の合間に星形の黄色い花が。

リトルミッシー
Crassula pellucida ssp. *marginalis* 'Little Missy'

| 春秋型 | 8cm |

こんなに小さな葉にピンクのふちどりがとてもキュート。寄せ植えにもぴったり。

神刀 _{じんとう}
Crassula perfoliata var. *falcata*

夏型　8cm

刀形の葉が茎にほぼ垂直に左右に出る草
姿が特徴。多くの交配親。寒さに弱い。

王妃神刀 _{おうひじんとう}
Crassula perfoliata var. *falcata* f. *minor*

夏型　7cm

神刀にくらべて葉の長さが短く、葉先が丸い
ので、やさしく、やわらかな印象のフォルム。

南十字星 _{みなみじゅうじせい}
Crassula perforata f. *variegata*

春秋型　8cm

三角の葉が交互に重なりあって、縦に伸び
る。群生させたいときはさし芽でふやす。

丸葉花月錦 _{まるばかげつにしき}
Crassula portulacea f. *variegata*

春秋型　13cm

葉のふちは深紅、ふち周辺の色が変わる覆
輪斑という色合いが美しい。葉焼けしやすい。

パンクチュラータ（別名：ブルイノーサ）
Crassula pruinosa

春秋型　12cm

うっすらと白い粉をまとった細い銀色葉。枝
分かれし群生するので、蒸れないよう注意。

プベッセンス
Crassula pubescens

春秋型　10cm

小さな葉に微毛。夏の日光と高温多湿に注
意。春秋によく日に当てるときれいな葉色に。

紅稚児 _{べにちご}
Crassula pubescens ssp. *radicans*

春秋型　8cm

春先にたくさんの白い花が咲く。花を楽しめ
る品種としても有名。冬は葉が赤く色づく。

レモータ
Crassula subaphylla（異名：syn.*Crassula remota*）

春秋型　11cm

レモータは異名。微毛のあるアーモンド形の
小さな葉。ハンギングタイプの寄せ植えにも。

舞乙女 _{まいおとめ}
Crassula rupestris ssp. *marnieriana*

春秋型　8cm

肉厚の小さな葉が左右交互につく。同じルペ
ストリスの「数珠星」とは花のつき方で区別。

パステル

Crassula rupestris 'Pastel'

| 春秋型 | 8cm |

小米星の斑入りタイプ。小さくかわいい形の
淡い色の葉に斑が入っている。

ルペストリス ラージフォーム

Crassula rupestris sp.

| 春秋型 | 8cm |

肉厚の三角の葉が左右交互につくルペスト
リスの大型種。秋から冬に葉のふちが紅葉。

サルメントーサ

Crassula salmentosa f. *variegata*

| 夏型 | 10cm |

多肉植物らしくないが、クラッスラの仲間。
ぐんぐん伸びるので、春から初夏に剪定を。

ソシアリスspトランスバール

Crassula socialis sp. *transvaal*

| 春秋型 | 8cm |

小さな葉には微毛がいっぱい。秋冬は赤く紅
葉する葉と白い花のコントラストが楽しめる。

スザンナエ

Crassula susannae

| 春秋型 | 7cm |

カクカクとした葉がユニーク。子株を出して
群生するが、生長はゆっくり。気長に栽培を。

小米星 こまいぼし

Crassula rupestris 'Tom Thumb'

| 春秋型 | 10cm |

小さな肉厚の葉が重なるように生長する。
秋冬の紅葉はデザインされた模様のよう。

多肉植物のお手入れ *petit*

✂

【伸びた茎や枝を切って仕立て直し】
クラッスラ 小米星

Crassula rupestris 'Tom Thumb'

1 枝が2～3本ずつのまとまりに
なっているので、その下で切る。

2 カットして、すっきり。

3 茎が出るように、
下の葉を取る。

4 葉を取り除いた
ところ。

5 カゴなどにさして、
乾燥させる。

6 根が出たら、乾いた
培養土に植える。

7 2か月後。
順調に生長中。

Graptoveria

グラプトベリア

ベンケイソウ科

原産国：なし（属間交配種）／ 育てやすさ：★★★ ／ 春秋型 ／
水やり：株の中心に水が残ると傷むので、ブロワー（p.25）などで吹き飛ばすとよい。冬は0℃以下になったら断水気味に。

［特徴］
グラプトペタルムとエケベリアの属間交配種。グラプトペタルムよりも丈夫で育てやすくなっている。ロゼット状につく肉厚の葉は、微妙な色合いがきれいで、つけられた名前もかわいらしいものが多い。

［栽培のコツ］
基本的には日当たりと風通しのよい場所で育てるが、梅雨から夏の多湿が苦手なので、この時期は特に風通しに気をつける。水は表面の土が乾いたら、たっぷりと。

グリムワン
Graptoveria 'A Grim One'

春秋型　8cm

ふっくらと肉厚な葉、パステルグリーンにピンクの小さな爪という草姿で、やさしい印象。

ピンクルルビー
Graptoveria 'Bashful'

春秋型　11cm

学名のBashfulは〈はにかみやの/内気な（shy）〉の意。秋冬、真っ赤に紅葉する。

ベラ
Graptoveria 'Bella'

春秋型　12cm

ふっくりとした葉で小さなロゼットに。黄色から赤へのグラデーションが美しい花が咲く。

紅姫 べにひめ
Graptoveria 'Decain'

春秋型　10cm

灰緑系の珍しい葉色。秋冬の紅葉もグレイッシュなピンクと渋い色合い。

初恋 はつこい
Graptoveria 'Huthspinke'

春秋型　11cm

紫がかった葉は寒くなると全体が紫に紅葉。存在感があるので寄せ植えの主役にも。

初恋（綴化）はつこい（せっか）
Graptoveria 'Huthspinke' f. *cristata*

春秋型　12cm

初恋の綴化。生長点が一つではなく、帯のように奇異な姿に生長している。

オパリナ
Graptoveria 'Opalina'

春秋型　8cm

ふくふくと太った葉がキュート。水のやりすぎに注意すれば、暑さ寒さにも強く、丈夫。

ピンクプリティ
Graptoveria 'Pink Pretty'

春秋型　8cm

整然と葉が並ぶ姿は、正統派グラプトベリアの印象。春先、黄色い花を咲かせる。

パープルドリーム
Graptoveria 'Purple Dream'

春秋型　8cm

寒さが増すと鮮やかな赤紫に。小さめの葉でころんとした株は寄せ植えにも便利。

ローズクイーン
Graptoveria 'Rose Queen'

春秋型　11cm

生長して数年たった株は、うっすら桃色の葉の裏に赤いまだら模様が浮き出てくる。

シルバースター
Graptoveria 'Silver Star'

春秋型　8cm

すらりと細い爪が独特な雰囲気。爪は秋に赤く紅葉する。寄せ植えのアクセントにも。

ティテュバンス錦　てぃてゅばんすにしき
Graptoveria 'Titubans' f. *variegata*

春秋型　8cm

冬になると斑の部分がミルキーなピンクに紅葉。かわいいイメージの寄せ植えに。

多肉植物のお手入れ petit

【ふえた子株を切って仕立て直し】
グラプトベリア マーガレットレッピン
Graptoveria 'Margarete Reppin'

春秋型

幹立ちして群生。多湿に弱い。

1 ふえた子株を切って仕立て直し。

2 子株を切っていく。

3 茎が短いものは数枚葉を残して切る。

4 茎が1cmほど出るように下の葉を取る。

5 カゴなどで乾かす。

6 根が出たら、乾燥した培養土に植える。

Graptosedum
グラプトセダム

ベンケイソウ科

原産国：なし（属間交配種）／ 育てやすさ：★★★ ／ 春秋型 ／
水やり：土が乾いたらたっぷり。夏と冬は控えめに。

[特 徴]	[栽培のコツ]
グラプトペタルムとセダムの属間交配種。暑さや寒さにも強い種が多く、関東地方より西では露地栽培も可能。丈夫で育てやすい。ロゼット状につく肉厚の葉は、ニュアンスある色合いが美しい。紅葉もきれい。	基本的には日当たりと風通しのよい場所で育てる。水は表面の土が乾いたら、たっぷりと。丈夫な種だが、梅雨から夏の多湿が苦手なタイプもあり、水やりを控えて、乾かし気味に育てる。

リトルビューティ *Graptosedum* 'Little Beauty'

`春秋型`　`8cm`

冬の紅葉は先端の赤、オレンジとグリーン。
3色のグラデーションが虹のように美しい。

Cremnosedum
クレムノセダム

ベンケイソウ科

原産国：なし（属間交配種）／ 育てやすさ：★★★ ／ 春秋型 ／
水やり：土の表面が乾いたら2～3日後にたっぷり。夏は控えめ。

[特 徴]	[栽培のコツ]
クレムノフィラ属とセダム属の属間交配種、とされている（クレムノフィラ属については学者によって見解が異なる）。基本的にはセダムと同じと考えるとよい。	基本的にはセダムと同じ。日当たりと風通しのよい場所で育て、夏の直射日光は避けて半日陰で育てるか寒冷紗で覆う。梅雨～夏の多湿にも注意が必要で、群生していたら、梅雨前に茎を間引きして仕立て直す。

クロコダイル *Cremnosedum* 'Crocodaile'

`春秋型`　`8cm`

葉がらせん状につき、幹立ちする。茎が長くなってくるので、カットして樹形を保つとよい。

リトルジェム *Cremnosedum* 'Little Gem'

`春秋型`　`10cm`

艶のある三角の葉でロゼット形に展開。春に黄色い花が咲く。夏の高温多湿に注意。

Graptopetalum

グラプトペタルム

ベンケイソウ科

原産国：メキシコ、中米 ／ 育てやすさ：★★★ ／ 夏型に近い春秋型 ／
水やり：土が乾いたらたっぷりと。夏は控えめ、冬は断水気味に。

[特徴]	[栽培のコツ]
小型種が多く、ふっくらとした肉厚で小さめの葉がロゼット状につく様子はプチ感があって、かわいらしい。葉に白い粉がつくものや、春と秋に紅葉する種もある。丈夫で育てやすい。	日当たりを好み、暑さ寒さには比較的強い。冬も葉を凍らせなければ戸外での栽培も可能。大きく群生したままにしておくと、夏は蒸れて腐ってしまうことがあるので、春から夏に株分けを兼ねて手入れする。

ベルム

Graptopetalum bellum

春秋型
10cm

夏を彩るショッキングピンクの花。ブロンズグリーンのロゼットも美しい。旧タキタス属ベルス（キングスター）。

だるま秋麗 だるましゅうれい

Graptopetalum 'Daruma Shuurei'

春秋型
8cm

淡い色合いとふっくらした葉が上品。群生しやすいので、こまめに手入れをする。

ブルービーン

Graptopetalum pachyphyllum 'Blue Bean'

春秋型 8cm

ブルーグレーの葉先には濃い紫の点。株元が蒸れないよう、周囲の土に水やりを。

朧月 おぼろづき

Graptopetalum paraguayense

春秋型 8cm

子株を出し、落ちた葉からも芽吹き、匍匐したり、幹立ちしたりと生命力が旺盛。

姫秋麗 ひめしゅうれい

Graptopetalum mendozae

春秋型 8cm

寒くなると淡いピンクに紅葉。多湿が続くと葉が落ちやすくなるので乾かし気味に。

姫秋麗錦 <small>ひめしゅうれいにしき</small>
Graptopetalum mendozae f. variegata

`春秋型` `8cm`

葉のふち付近の色が抜け、全体にパステルカラーの印象。寄せ植えのアクセントに。

ペブルス
Graptopetalum 'Pebbles'

`春秋型` `10cm`

寒さが続くと鮮やかな藤色に紅葉がすすむ。子株を出してふえる。多湿に注意。

銀天女 <small>ぎんてんにょ</small>
（別名：ルスビー）
Graptopetalum rusbyi

`春秋型` `10cm`

いぶし銀パープルといった渋い色合いが魅力。小型のロゼットで群生する。

グラプトペタルム／パキベリア［ベンケイソウ科］

Pachyveria

パキベリア

ベンケイソウ科

原産国：なし（属間交配種）／ 育てやすさ：★★☆ ／ 春秋型 ／ 水やり：土が乾いたらたっぷりと。夏と冬は控えめに。

[特徴]

パキフィツムとエケベリアの属間交配種。ぷっくりと丸い葉にうっすらと白い粉を帯びた葉姿が特徴で、白い粉を通して見える葉の色合いがきれい。寒さに強く、関東の平野部以西なら露地栽培も可能。

[栽培のコツ]

日照不足だと葉の色が悪くなり、徒長しやすくなるので、日当たりと風通しのよい場所で育てる。多湿が苦手なので、長雨の頃や夏の多湿時は水やりを控えて乾かし気味に。

Column
1

属間交配種とは

通常は同じ属のなかで交配を行いますが、同じ属同士では作り出せない形や性質を他の属から導入するために、異なる属間で交雑を行うことを「属間交配種」といいます。
パキベリア×エケベリアの「パキベリア属」、グラプトペタルム×エケベリアの「グラプトベリア属」など。いずれも、交雑親属それぞれのよさを受け継いでいます。

ピーチガール *Pachyveria "Peach Girl"*

`春秋型` `8cm`

秋から春は中心部の葉を残してピーチ色に色づいて、かわいらしい印象に。

Cotyledon

コチレドン

ベンケイソウ科

原産国：南アフリカ ／ 育てやすさ：★★★ ／ 夏型・春秋型 ／
水やり：土の表面が乾いたらたっぷりと。夏と冬は控えめ。
細かい毛が生えている品種は葉にかからないよう周囲の土に水やりを。長雨にも注意。

[特徴]	[栽培のコツ]
熊童子や子猫の爪など動物の手のようだったり、葉に赤くふちどりがあったりと、かわいらしいフォルムのものが多い。多くは茎が伸びて幹立ち状に生長し、茎の下のほうは茶色く木質化してくる。	暑さ寒さには強い種が多いが（斑入り種は普通種より弱め）、真夏の直射日光は避け、半日陰に。休眠する冬は水やりをほかの季節より控え、葉にハリがなくなってきたら与える。

カンパニュラータ

Cotyledon campanulata

夏型
8cm

細長い棒状の葉には微毛。幹が伸びてくるので、さし芽、株分けで定期的に仕立て直しを。

白美人 はくびじん

Cotyledon 'Hakubijin'

春秋型
13cm

白くすらりと長身の葉はまさに白美人。冬には葉先が赤く紅葉。ゆっくり生長し、幹立ちする。

福娘 ふくむすめ

Cotyledon orbiculata var. *oophylla*

春秋型
15cm

薄い白い粉をまとい、ふちは深い紅色、釣り鐘のような花はオレンジ色と、あでやかな印象。

ふっくら娘 ふっくらむすめ

Cotyledon orbiculata 'Fukkura'

春秋型
9cm

ふっくらとした白肌の葉姿はおっとりした印象。徒長しやすいので、しっかり日に当てる。

ペパーミント

Cotyledon orbiculata 'Peppermint'

春秋型　8cm

コチレドンの一大勢力、オルビキュラータ種の一つ。葉は生長するにつれ、白さを増す。

ティンカーベル

Cotyledon 'Tinkerbell'

春秋型　13cm

小さい葉とオレンジ色の可憐な花とで人気の品種。幹立ちして30cmほどの高さになる。

子猫の爪　こねこのつめ

Cotyledon tomentosa ssp. *ladismithensis* 'Konekonotsume'

春秋型　7cm

やわらかな毛とツンツンと飛び出た爪が愛らしい。水やりは葉を避けて、周辺の土に。

多肉植物のお手入れ petit

【枝分かれした株の仕立て直し】

コチレドン 熊童子（くまどうじ）

Cotyledon tomentosa ssp. *ladismithensis*

コチレドンは葉ざしで増えにくいため、さし木にする。

春秋型

高温多湿が苦手。夏は半日陰へ。

1 枝分かれして茂ってきたら、剪定する。

2 風通しがよくなった。日差しも奥まで届く。

3 茎を1〜1.5cm程度出るように、葉を取り除く。

4 カゴなどにさして、切り口を乾かす。

5 さし芽全部に根が生えるまで約3か月。コチレドンの発根は時間がかかる。

6 乾いた培養土に植える。

7 順調に生長中。

Orostachys

オロスタキス

ベンケイソウ科

原産国：ロシア、中国、日本など／育てやすさ：★★☆／春秋型／水やり：土が乾いたらたっぷり。
休眠する冬は水やりを控えて、月1回程度。

［特徴と栽培のコツ］

ロシア、中国、日本などに分布。10種ほどの小さな属。岩蓮華（いわれんげ）や爪蓮華（つめれんげ）は日本原産。寒さに強く育てやすいが、夏の蒸し暑さに弱いので、夏は風通しのよい半日陰で管理。花が咲いたあと親株は枯れ、株の周囲に地下茎でつながる子株を出す。

子持ち蓮華　こもちれんげ　*Orostachys iwarenge* var. *boehmeri*

春秋型　8cm

さじ形の葉がロゼット状につく様子が可憐。ランナーの先にできる子株で手軽にふやせる。

Sedum

セダム

ベンケイソウ科

原産国：世界中に自生地が分布 ／ 育てやすさ：★★★（一部に難しいものも）／ 春秋型・夏型 ／
水やり：生長期には土が乾いたらたっぷりと。どちらも冬は月1回程度と控えめに。

[特徴]

ふくりとした小さな葉が細かくつくタイプ、ロゼットタイプ、ネックレスのように伸びるものなど多様で、暑さ寒さにも強いので、寄せ植えや庭での栽培でも重宝。紅葉が美しい種が多いのも特徴。

[栽培のコツ]

日当たりと風通しのよい屋外に置く。夏の直射日光は苦手なので半日陰にするか遮光ネットで覆う。群生している株は夏の多湿に注意。冬は凍結しないように気をつけ、乾燥気味に。

アクレ　エレガンス
Sedum acre 'Elegans'

春秋型

10cm

春の生長期に葉先が明るいクリームイエローになり、生長がすすむと緑に戻る。グランドカバーや寄せ植えの仕上げに。

銘月 めいげつ
Sedum adolphi

春秋型

8cm

艶のある黄緑の葉は幹立ちして枝分かれていく。秋冬は葉がほんのり橙色に紅葉。丈夫で育てやすい。

黄麗 おうれい（別名：月の王子）
Sedum adolphi 'Golden Glow'

春秋型

8cm

寒さにあたると紅葉し、真冬には黄色〜明るい橙色に。幹立ちしてくるので、寄せ植えでは後列がおすすめ。

ブラックベリー
Sedum album 'Blackberry'

春秋型

8cm

小さく細長い葉が放射状につくアルブムの中で、冬の紅葉が一番ダークな種。シックな寄せ植えに。

コーラルカーペット（別名: 六条万年草）

Sedum album 'Coral Carpet'

`春秋型`　`10cm`

春から秋は緑、気温が下がるとサンゴのように赤く色づく。初夏に白い花が咲く。

ヒレブランディ

Sedum album 'Hillebrandtii'

`春秋型`　`8cm`

ほかのアルバムより葉が少し大きめ。冬の紅葉では茶褐色に。

八千代 やちよ

Sedum corynephyllum

`春秋型`　`13cm`

下葉を落としながら幹立ちする。さし木でふえ、親株からも芽吹く。

ブレビフォリウム

Sedum brevifolium

`春秋型`　`8cm`

白い粉をまとった葉がキュート。かわいらしい幹立ちの姿で寄せ植えのアクセントにも。

ビアホップ（別名: 姫玉綴り、新玉綴り）

Sedum burrito

`春秋型`　`8cm`

つぶつぶの肉厚な葉が鉢からこぼれるように生長する。その形を生かして寄せ植えに。

ピンクベリー

Sedum 'Canny Hinny'

`春秋型`　`10cm`

小さな葉のロゼットが群生。冬には葉先がピンクに紅葉し、かわいい雰囲気。

クラバツム

Sedum clavatum

`春秋型`　`8cm`

楕円形の肉厚な葉が形づくるロゼットは存在感がある。セダムの寄せ植えの主役にも。

ダシフィルム（別名: 姫星美人）

Sedum dasyphyllum

`春秋型`　`10cm`

ダシフィルムの基本種。仲間の中で一番小型。多湿に弱い。冬に紫に紅葉する。

マジョール

Sedum dasyphyllum 'Major'

`春秋型`　`8cm`

むちむちとした小型のロゼットが群生する様子が楽しい。日照不足になると徒長する。

パープルヘイズ
Sedum dasyphyllum var. glanduliferum

| 春秋型 | 8cm |

ダシフィルム〈姫星美人〈p.79〉〉の大型品種。寒さにあたると紫に紅葉する。

宝珠 ほうじゅ
Sedum dendroideum

| 春秋型 | 8cm |

盆踊りをしているかのようなユニークな形。冬は赤紫に紅葉。徒長しやすいので注意。

ドリームスター
Sedum 'Dream Star'

| 春秋型 | 10cm |

乾燥に強く、雪や霜にあたっても枯れない丈夫な品種。グランドカバーとして地植えにも。

玉蓮 ぎょくれん
Sedum furfuraceum

| 春秋型 | 7cm |

茎が木質化して低木風で、盆栽感覚で楽しめる。丸い葉に鱗状の白い粒がある。

グラウコフィラム
Sedum glaucophyllum

| 春秋型 | 10cm |

内側の葉は短く、外に向かって長くなるスタイリッシュなロゼット。寄せ植えの主役にも。

松の葉万年草 まつのはまんねんぐさ （別名：チョコレートボール）
Sedum hakonense

| 春秋型 | 10cm |

原産地は関東〜中部太平洋側の山地。雨に強いのでほかの多肉植物と分けて育てる。

緑亀の卵 みどりがめのたまご
Sedum hernandezii

| 春秋型 | 10cm |

ひと目でわかる特徴的な葉のつき方。日照不足と水の与えすぎで徒長しやすいので注意。

ヒントニー
Sedum hintonii

| 春秋型 | 7cm |

よく似た品種にモシニアナムがある。花茎が長いのがヒントニー、短いのがモシニアナム。

プルプレア
Sedum hispanicum purpurea

| 春秋型 | 10cm |

グレイッシュなパープルがきれいな万年草系の品種。さし芽や株分けでよくふえる。

恋心 こいごころ
Sedum 'Koigokoro'

春秋型　8cm

乙女心を大きくしたような恋心。上へと伸びていくので、定期的に仕立て直しを。

姫笹 ひめざさ
Sedum lineare f. *variegata*

春秋型　10cm

オノマンネングサの斑入り種。日本原産なので、育てやすい。

丸葉松の緑 まるばまつのみどり
Sedum lucidum

春秋型　10cm

艶のあるセダムらしい葉。上へと伸びていき、花茎の先にたくさんの花を咲かせる。

メキシコマンネングサ
Sedum mexicanum

春秋型　10cm

関東以西では帰化植物として道端でも見かける。春に花茎を伸ばし黄色の花が咲く。

乙女心 おとめごころ
Sedum pachyphyllum

夏型　8cm

葉先に色づく赤が特徴。日をよく当て、肥料と水やりを控えめにすると、より鮮やかに。

パリダム （別名: 真珠星万年草）
Sedum pallidum

春秋型　10cm

初夏に咲く白い花と冬の赤い紅葉。セダムは黄花が多いので、和名が「真珠星」か。

薄化粧 うすげしょう
Sedum palmeri

春秋型　11cm

ライムグリーンの葉は冬になるときれいなピンクに薄化粧。花のような美しい紅葉になる。

カメレオン錦 かめれおんにしき
Sedum reflexum 'Chameleon' f. *variegata*

春秋型　8cm

オフホワイトの斑の部分が冬になると淡い茜色に染まる。寄せ植えのアクセントカラーに。

ロッティ
Sedum 'Rotty'

春秋型　8cm

つやつや、むちむちとしたロゼットは寄せ植えのメイン素材にも。楽しい鉢になりそう。

ルベンス

Sedum rubens

`春秋型`　`8cm`

幹立ちせず、鉢からこぼれるように生長。寄せ植えにすると赤い茎もアクセントに。

虹の玉 にじのたま

Sedum rubrotinctum

`春秋型`　`10cm`

緋色に染まる虹の玉の紅葉は見事。寄せ植えに入れると色が際立ち、全体が引きしまる。

ルペストレ アンジェリーナ

Sedum rupestre 'Angelina'

`春秋型`　`10cm`

冬はオレンジ色に紅葉。寒さに強いのでグランドカバーとしても。夏に黄色の花が咲く。

スプリウム ドラゴンズブラッド

Sedum spurium 'Dragon's Blood'

`春秋型`　`10cm`

冬期は葉が落ちて茎だけで越冬するが、枯れたわけではなく、春になると新芽が伸びる。

スプリウム トリカラー

Sedum spurium 'Tricolor'

`春秋型`　`10cm`

緑と白とピンクの3色の葉。ドラゴンズブラッド共々、寄せ植えのアクセントにぴったり。

玉葉 たまば

Sedum stahlii

`春秋型`　`8cm`

虹の玉の交配親。暗赤色の葉は、季節や栽培環境によって緑や薄紅色に変わる。

ステフコ

Sedum stefco

`春秋型`　`10cm`

細かな葉で群生。冬には真っ赤に紅葉。単品で鉢からこぼれるように育てても楽しい。

天使のしずく てんしのしずく

Sedum treleasei

`春秋型`　`10cm`

ころころと丸みのある草姿。上に伸びてくるので定期的に仕立て直しを。高温多湿が苦手。

スプリングワンダー

Sedum versadense f.*chontalense*

`春秋型`　`8cm`

肉厚の小さな葉。紅葉すると葉の裏が赤くなり、ハート形に見えて、とてもキュート。

Sedeveria

セデベリア

ベンケイソウ科

原産国：なし（属間交配種）／ 育てやすさ：★★★ ／ 春秋型・夏型／
水やり：土が乾いたらたっぷりと。夏と冬は断水気味に。

［特 徴］	［栽培のコツ］
セダムとエケベリアの属間交配種。やや育てにくい面のあるエケベリアに、セダムの強さ、丈夫さがかけ合わされた "いいとこどり" となっている。美しく、かわいらしく、丈夫で育てやすく、使いやすい。	基本的にはセダムと同じ。日当たりが好きなセダム同様、真夏の直射日光以外はよく日に当てて育てるとよい。

ブルーミスト
Sedeveria 'Blue Mist'

春秋型

8cm

セダムcraigiiとエケベリアaffinisの交配種。季節によって変化する紫の色合いが美しい。

ダリーダール
Sedeveria 'Darley Dale'

春秋型

8cm

大輪の花のような存在感あるロゼットは寄せ植えの主役にも。花はクリーム色の星形。

ジェットビズ
Sedeveria 'Jet Beads'

春秋型　8cm

夏は鮮やかな緑、紅葉すると深く艶やかな赤茶に変身。色の変化が楽しめる品種。

083

レティジア （別名：万華鏡）

Sedeveria 'Letizia'

春秋型	9cm

冬の紅葉は緑と赤のコントラストが美しい。0℃を下回るような時期は室内に。

マイアレン （別名：マッコス）

Sedeveria 'Maialen'

春秋型	8cm

マスカットグリーンにピンクのふちどりがキュート。短い茎から株分かれして大群生する。

ローリー （別名：ヌダ）

Sedeveria 'Rolly'

春秋型	12cm

幹立ちし、さらにその茎の下までどんどん株が出てぎゅうぎゅうな草姿に。多湿に注意。

静夜つづり せいやつづり

Sedeveria 'Seiya-tsuzuri'

春秋型	10cm

エケベリア静夜（p.48）とセダム玉綴りの交配種。冬には葉先がオレンジ色に紅葉。

ホワイトストーンクロプ

Sedeveria 'Whitestone Crop'

春秋型	8cm

紅葉のピンク、2cmほどの小さいロゼット形の草姿が特徴。寄せ植えのアクセントにも。

多肉植物のお手入れ petit

【伸びた茎や枝を切って仕立て直し】
パキフィツム ベビーフィンガー

Pachyphytum rzedowskii

春秋型

季節により色が変化。多湿に注意。

1 伸びた部分をカット。

2 切ったところ。

3 茎が1cmほど出るように葉を取り、カゴなどにさして切り口を乾かす。

4 根が出たら、乾いた培養土に植える。

Pachyphytum

パキフィツム

ベンケイソウ科

原産国：メキシコ ／ 育てやすさ：★★☆ ／ 春秋型 ／
水やり：土が乾いたらたっぷりと。夏と冬は月に1回程度の断水気味に。

［特徴］	［栽培のコツ］
ふっくらと丸い葉にうっすらと白い粉を帯びた葉姿が特徴で、白い粉を通して見える葉の色合いがきれい。白い粉はこすると落ちてしまうので、植え替えなどのときは茎の下のほうを持つようにする。	日照不足だと葉の色が悪くなり、徒長しやすくなるので、日当たりと風通しのよい場所で育てる。多湿を嫌うため、長雨の頃や夏の多湿時は水やりを控えて乾かし気味に。1～2年に1回は植え替えを。

コンパクツム
Pachyphytum compactum

> 春秋型
> 8cm

生長過程で葉にできる白い筋が特徴。紅葉すると黄色～オレンジ色に。よく似ているグラウクムの紅葉は紫。

月花美人錦　げっかびじんにしき
Pachyphytum 'Gekkabijin' f. *variegata*

> 春秋型
> 10cm

へら状の葉を広げるようなロゼットは華やか。寄せ植えの主役としても存在感がある。

フーケリー
Pachyphytum hookeri

> 春秋型
> 10cm

上へ上へと伸びて幹立ちする。それぞれの葉の先が白くとがるのが特徴。

星美人　ほしびじん
Pachyphytum oviferum 'Hoshibijin'

> 春秋型
> 8cm

パキフィツムに多い〇〇美人の一つ。白い粉に覆われた薄紫の紅葉がしとやかな印象。

Sempervivum

センペルビブム

ベンケイソウ科

原産国：ヨーロッパ中南部の高山地帯など ／ 育てやすさ：★★☆ ／ 冬型に近い春秋型 ／
水やり：土が乾いたらたっぷりと。夏と冬は控えめに。特に夏は断水気味で。

［特徴］	［栽培のコツ］
細めの葉がロゼット状に幾重にも並ぶ葉姿がとても美しい。冬は赤く紅葉する。ヨーロッパでは古くから人気があり、色合いや形状など園芸種も豊富。学名はラテン語の「永遠に生きている」に由来。	ヨーロッパ山岳地帯の過酷な環境下で自生。寒さと乾燥に強く、本州中部の高冷地や東北地方、北海道でも屋外で通年の栽培が可能。高温時の多湿に弱いため、梅雨〜夏は風通しのよい軒下などに移動する。

ファジラー
Sempervivum 'Fusiller'

春秋型
11cm

葉のふちには細かい毛。薄くとがった葉や色合い、ランナーの出方もワイルドな雰囲気。

マリーン
Sempervivum 'Marine'

春秋型
8cm

冬のダークな紫が魅力。子株をよく出して群生する。シックな寄せ植えの主役として。

百恵 ももえ
Sempervivum 'Oddity'

春秋型
11cm

葉がくるっと筒状に丸まっている特徴的な葉。水やりの際は水が葉にたまらないよう、周辺の土に。

パシフィックナイト
Sempervivum 'Pacific Knight'

春秋型
11cm

緑色からワイン色、季節によって変わる色合いがきれい。ランナーを出してよくふえる。

ローズマリー
Sempervivum 'Rose Marie'

春秋型
11cm

きゅっと引き締まったロゼット、センペルらしい深いワイン色は寄せ植えのアクセントに。

上海ローズ　しゃんはいろーず
Sempervivum 'Shanghai Rose'

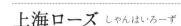

春秋型
8cm

何とも気品ある姿。葉のふちに入る濃い紫の覆輪が美しい。子株ができてよくふえる。

ストロベリーベルベット
Sempervivum 'Strawberry Velvet'

春秋型
11cm

繊細な微毛で覆われている葉はビロードのような美しさ。四季折々の色合いもきれい。

紅薫花　こうくんか
Sempervivum tectorum 'Koukunka'

春秋型
8cm

大輪のバラのようなロゼット。単体で楽しむのもよし、寄せ植えなら主役級の華やかさ。

右縦書き：センペルビブム[ベンケイソウ科]

多肉植物のお手入れ petit

【ふえた子株を切って仕立て直し】
センペルビブム マリーン
Sempervivum 'Marine'

 1 鉢いっぱいに育っている。

 2 根が細かいので、ていねいにほぐす。

 3 ほぐしながら、子株をはずしていく。

 4 枯れた葉っぱも取る。

 5 株分け、完了。

 6 親株、子株をそれぞれ植える。

Tylecodon

チレコドン

ベンケイソウ科

原産国：南アフリカ ／ 育てやすさ：★★☆ ／ 冬型 ／
水やり：土が乾いたらたっぷりと。
雨の多い時期は水やりを控える。夏は断水。

[特徴]
冬型コーデックスの代表種で、夏には落葉し、秋に気温が下がってくると、新しい葉が出るなど生長がはじまる。花は主に春。数cmほどの小型種から高さ1mを超える大型種までバリエーション豊か。

[栽培のコツ]
夏は断水、遮光して、風通しのよい場所で休眠させるのがコツ。秋になり新しい葉が出てきたら、徐々に水やりを開始。春と秋は土がすっかり乾いたらたっぷりと水をやる。冬はそれより少し控えめに。

阿房宮　あぼうきゅう　*Tylecodon paniculatus*

冬型　　12cm

水分をため込む太い幹を覆う、薄い紙のような表皮が特徴。貧弱で乾燥した自生地の環境に耐えた進化の証し。

万物想　ばんぶつそう　*Tylecodon reticulatus*

冬型　　13cm

葉のまわりにある細い枝のようなものは花が咲いたあとの花柄が硬化して残ったもの。生長はとても遅い。

Hylotelephium

ヒロテレフィウム

（ムラサキベンケイソウ属）

ベンケイソウ科

原産国：アジア ／ 育てやすさ：★★★ ／ 春秋型 ／
水やり：土が乾いたらたっぷりと。
冬場はやや乾燥気味に。

[特徴]
日本では北海道から九州まで、日本各地でその環境にあった種が自生。主に山地や谷あいの岩場、海岸の岸壁などに生える多年草。秋には紅葉と開花。冬は落葉し休眠するが、春にはまた芽吹く。

[栽培のコツ]
日当たりと風通しのよい場所を好む。耐寒性は強く、関東以西は屋外での越冬も可能。多湿には弱いため、梅雨の時期などは軒下など雨の避けられる場所に移動。株分け、さし木、実生でふやすことができる。

日高ミセバヤ　ひだかみせばや　*Hylotelephium cauticola*

春秋型　　11cm

自生地は北海道（十勝・日高地方）。白い粉に覆われた2cm程度の卵形の葉は秋に紅葉する。

Rosularia

ロスラリア

ベンケイソウ科

原産国：北アフリカから中央アジア ／ 育てやすさ：★★☆ ／ 春秋型 ／
水やり：土が乾いたらたっぷりと。夏と冬は控えめに。
特に夏は断水気味で。

［特徴］

センペルビブムの近縁種。葉がロゼット状に幾重にも並ぶ葉姿、親株のまわりに子株が多数出て、群生する姿はそっくり。異なるのは花のつくりで、センペルビブムは花弁が分かれるのに対しロスラリアは筒状。

［栽培のコツ］

センペルビウムとほぼ同じ。丈夫で、暑さ寒さにも強いが、真夏の暑さと多湿に弱いため、梅雨〜夏は風通しのよい軒下などに移動し、水やりは控えめにする。生長期には土が乾いたらたっぷりと。

クリサンタ *Rosularia chrysantha*

春秋型　8cm

微毛をまとった小さな肉厚の葉が集まったロゼットが群生して、モコモコとかわいらしい。

プラティフイラ *Rosularia platyphylla*

春秋型　7cm

もりもりと子株が出てくるタイプ。しっかり日に当てて、引き締まった株に育てたい。

Monanthes

モナンテス

ベンケイソウ科

原産国：カナリヤ諸島など ／ 育てやすさ：★☆☆ ／ 春秋型 ／
水やり：秋から春にかけては、土が乾いたらたっぷりと。
夏は月1回程度で断水気味に。

［特徴］

小さめの多肉質の葉がぎゅっと茂るようにつく超小型種。湿り気のある日陰の岩場などに自生する。自生地の気温は一年を通してあまり変動がなく15〜27℃程度。雨も少ない。日本の夏と冬は苦手。

［栽培のコツ］

軒下など半日陰で、風通しのよい場所で育てる。日本の夏の高温多湿にとても弱く、溶けて消えてしまう場合も。気温が35℃を超えるような日は日中だけ日当たりのよい窓辺に入れるほうが無難。

ポリフイラ *Monanthes polyphylla*

春秋型　8cm

小さな葉がつくるロゼットは直径1cm。春に咲く花も変わっていて、独特な世界観。

Aloe

アロエ

ツルボラン科
原産国：南アフリカ、マダガスカル、アラビア半島など広範囲 ／ 育てやすさ：★★★ ／ 夏型 ／
水やり：土が完全に乾いてからたっぷりと。冬は控えめに。

［特徴］	［栽培のコツ］
約700種にも及ぶ大属で、小型種から高さ10m以上の大木に育つタイプまで多くの種類がある。薬草として知られるキダチアロエや食用になるアロエベラは特に有名だが、園芸種もバラエティ豊かで楽しい。	夏の暑さに強く、丈夫で育てやすいが、種類によって多少コツが異なる。日当たりが悪いと徒長するので、よく日に当てて。冬は屋外でも育つ種もあるが、関東以北では日当たりのよい室内に移動するほうが安全。

アクレアータリンポポ
Aloe aculeata var. limpopo

夏型
8cm

獣の角のような硬い葉を左右交互に出して生長。秋は葉が赤紫を帯びる。

アルビフローラ（別名：雪女王）
Aloe albiflora

夏型
11cm

アロエ属では珍しい白い釣り鐘状の花が咲く。茎はなく、細い伸びる葉には白斑ととげがある。

王妃綾錦 おうひあやにしき
Aloe aristata 'Ouhi-ayanishiki'

夏型
13cm

幅広の葉の緑から赤へのグラデーションと、整ったロゼット形で人気の高い品種。

ブリザード
Aloe 'Blizzard'

夏型
16cm

吹雪（ブリザード）のような白い斑点模様、大きく動きのある葉は夏の寄せ植えにも。

カピタータ

Aloe capitata

夏型

9cm

赤い鋸歯が特徴。マダガスカル島でのカピタタの自生域は広く、変種がいくつか存在する。

ダップルグリーン

Aloe 'Dapple Green'

夏型

16cm

細かく入る白い斑がきれいな品種。冬に花茎を伸ばし釣り鐘状の可憐な花を咲かせる。

アロエ［ツルボラン科］

ディコトマ

Aloe dichotoma

夏型

13cm

自生地では高さ10m以上になる。小鉢で育てれば小さく育つ。根が繊細なので植え替え時はていねいに。

フェロックス

Aloe ferox

夏型

15cm

茎かららせん状につく葉、赤茶色の鋸歯がダイナミック。枝分かれはなく、1本の木立ち性。

ファイアーバード

Aloe 'Fire Bird'

夏型

16cm

よく株分かれして群生する。長い花茎を伸ばし花を咲かせる姿に、盆栽的な楽しみ方も。

フラミンゴ

Aloe 'Flamingo'

夏型

12cm

赤い突起が特徴。flamingoの語源はラテン語の「炎」flamma。鳥ではなく赤い炎の意味の命名か。

フミリス （別名：帝王錦）

Aloe humilis

| 夏型 | 16cm |

小型で群生するタイプ。葉の全体につくトゲは痛くない。オレンジ色に紅葉する。

翡翠殿 ひすいでん

Aloe juveuna

| 夏型 | 14cm |

塔のように上に伸びていく。つややかな翡翠色の葉は冬、淡いオレンジ色に紅葉する。

不夜城 ふやじょう

Aloe 'Nobilis'

| 夏型 | 16cm |

よく子吹きしてふえ、幹立ちして上にも伸びる。仕立て直しを定期的に行うとよい。

ピンクブラッシュ

Aloe 'Pink Blush'

| 夏型 | 16cm |

ピンク斑は寒くなると色が濃くなる。秋に長い花茎を伸ばしピンク〜黄色の花が咲く。

ラモシシマ

Aloe ramosissima

| 夏型 | 17cm |

上向きにつく細い葉。枝が出やすく、形のよい株に生長していく過程を楽しめる。

ラウイー・ホワイトフォックス

Aloe rauhii 'White Fox'

| 夏型 | 15cm |

グレイッシュな色合いの葉に入る斑模様がきれい。長く伸びる花茎とのバランスもよい。

多肉植物のお手入れ Petit

【子株がふえて、根も詰まってきた】

アロエ ラウイー・ホワイトフォックス

Aloe rauhii 'White Fox'

1 鉢からはずす。

2 指で土をくずして落とす。

3 根を切らないよう、やさしく子株をはずす。

4 枯れている先端部分ははさみで切って整える。

5 株分け後。

6 親株、子株それぞれを植えて1か月。開花も見られる。

Astroloba

アストロロバ

ツルボラン科

原産国：南アフリカ ／ 育てやすさ：★★★ ／ 春秋型 ／
水やり：春から秋は土が乾いたらたっぷりと。
夏と冬は控えめに。

［特徴］

上から見ると葉のつき方が星のような形に見える(＝アストロ)。塔状に生長する姿は、ハオルチアの硬葉系のグループとよく似ている。生育パターンもハオルチアに近い。

［栽培のコツ］

直射日光をきらうので、年間を通して、軒下など半日陰で、かつ風通しのよい場所で育てる。春と秋は土が乾いたらたっぷり水をやるが、夏と冬の休眠期は控えめにし、乾かし気味にするのがコツ。

天守閣 てんしゅかく *Astroloba skinneri*

`春秋型` `8cm`

放射状についた葉が、上へとそびえていく様は天守閣の名にふさわしい雰囲気で、人気の品種。

小熊座 こぐまざ *Astroloba sp.*

`春秋型` `8cm`

むちむちとした葉が積み重なるように生長。葉焼けを防ぐため夏の直射日光には遮光ネット等で対策を。

Kumara

クマラ

ツルボラン科

原産国：南アフリカ ／ 育てやすさ：★★★ ／ 春秋型 ／
水やり：春から秋は土が乾いたらたっぷりと。
冬は控えめに。

［特徴］

旧アロエ属の系統が分けられた際に誕生した、新しい属（2014年）。上へ上へと茎が伸び、生長すると幹は木質化して樹高5mにもなる種も。

［栽培のコツ］

アロエ属と同様、日当たりよく、風通しのよい場所で育てる。水やりは土が乾いたらたっぷりやり、そのあとしっかり乾燥してから、次の水やりをする。冬は水やりを控えて、日当たりのよい室内で。

プリカテイス *Kumara plicatilis*

`春秋型` `15cm`

造形美を感じる姿。寒さに弱いので最低気温が15℃を下回るようになったら、日当たりのよい室内へ。

Gasteria

ガステリア

ツルボラン科

原産国：南アフリカ ／ 育てやすさ：★★★ ／（春秋型に近い）夏型 ／
水やり：春から秋は土が乾いたらたっぷりと。冬は控えめに。

［特徴］	［栽培のコツ］
舌のような形の葉（先が丸かったり、とがっていたり）が左右対称に、あるいは放射状に広がる独特なフォルムがマニア心をくすぐる。属名は「胃袋」の意で、小さな胃袋のような花の形が由来。	生長タイプは夏型だが、日本の真夏には弱いので、半日陰か遮光ネットで直射日光を避け、風通しのよい場所で育てる。休眠する冬は生育場所が5℃を下回るようになったら日当たりのよい室内に移動。

臥牛 がぎゅう
Gasteria armstrongii

夏型
9cm

牛の舌のような葉が左右交互に出て、密に重なる。直射日光が苦手で葉焼けを起こしやすいので注意。

バイリシアナ
Gasteria baylissiana

夏型
8cm

葉の上の白い斑点とふちどりが特徴的。子株がよく出て、群生する。

フロー
Gasteria 'Flow'

夏型　9cm

剣のような葉が放射状につき、シャープなイメージ。ファローという品種名でも流通。

グロメラータ
Gasteria glomerata

夏型　8cm

肉厚で白みがかった葉が特徴。多湿が続くと、斑点が出るなど葉が傷むので注意。

子宝錦 こだからにしき
Gasteria gracilis var.minima f. variegata

夏型　8cm

舌状の葉が積み重なり、扇のように広がる。品種名の通り、子株がどんどん出て群生する。

リトルワーティ

Gasteria 'Little Warty'

夏型 　9cm

1枚の葉の中に線とドットの模様、色違いの緑が入るユニークな葉姿。

恐竜ピランシー錦 <ruby>恐竜ピランシー<rt>きょうりゅうぴらんしー</rt></ruby>にしき

Gasteria pillansii 'Kyoryu' f. *variegata*

夏型 　12cm

幅広の硬い葉が左右交互につく独特なフォルム。ゆっくりと生長する。

虎鉾 とらほこ

Gasteria pulchra

夏型 　8cm

細い葉が踊るようにあちこちを向く姿がユニーク。小型で群生するタイプ。

多肉植物のお手入れ *Petit*

【子株がふえて、根も詰まってきた】
ガステリア
バイリシアナ

Pachyphytum rzedowskii

1 指で土をくずして、落とす。

2 親株、子株のそれぞれ根元を持つと、はずしやすい。

3 きれいに株分け、完了。

4 1か月後親株の株元にはもう次の子株が。

Gasteraloe

ガステラロエ

ツルボラン科

原産国：なし（属間交配種）／育てやすさ：★★★／夏型／
水やり：土が乾いたらたっぷりと。冬は控えめ。

[特徴と栽培のコツ]

ガステリアとアロエの属間交配種。花はアロエに近く、形のよい群生株を形成する。
基本的にはガステリアと同じ。丈夫で育てやすい。真夏の直射日光以外はよく日に当てて、風通しのよい場所で育てる。

グリーンアイス　*Gastroaloe* 'Green Ice'

夏型 　10cm

ドット模様の入り方が、株によって異なる。お気に入りの柄を見つける楽しみ。

ガステリア／ガステラロエ［ツルボラン科］

Haworthia

ハオルチア

ツルボラン科

原産国：南アフリカ ／ 育てやすさ：★★☆ ／ 春秋型 ／
水やり：春と秋は土が乾いたらたっぷりと。休眠する夏と冬は控えめに。

［特徴］	［栽培のコツ］
自生地では岩の陰や木の根元、または雑草に守られてひっそりと生息。透明な"窓"が美しい「軟葉系」、硬い葉をもつ「硬葉系」、葉に白い毛をつけた「レース系」、上部を横に切断したような「万象」「玉扇」など。	ハオルチアの多くは直射日光に弱いので、軒下などの風通しのよい明るい半日陰で育てるとよい。春と秋の生長期は鉢の土を乾かしすぎないよう、土が乾いたらたっぷりと。冬は5℃以上を保てる場所で。

阿寒湖 あかんこ
Haworthia 'Akanko'

春秋型
8cm

深い緑色の大きな窓に入る線状の模様が美しい。日照不足になると徒長して葉が縦に伸びるので注意。

アラクノイデア
Haworthia arachnoidea

春秋型
8cm

レース系ハオルチアの代表的原種で、バリエーションも多い。細く長く伸びた毛がレースのよう。

松の雪 まつのゆき
Haworthia attenuata

春秋型
8cm

雪が葉についたような美しい模様。紅葉する時期には淡い朱色に白い雪模様が映える。

オードリー
Haworthia 'Audeley'

春秋型
11cm

長く伸びる花茎はハオルチアの特徴。すべて咲かせてしまうと株が弱るので、いくつか咲いたら3cmほど茎を残して切る（茎が完全に枯れたら引き抜く）。

九輪塔 くりんとう
Haworthia coarctata

| 春秋型 | 9cm |

レインワルデー種と似ているが、コアラクタタ種は白い模様が小さく細く線状につながる。

バッカータ
Haworthia coarctata 'Baccata'

| 春秋型 | 8cm |

幅広の葉が重なるように塔状に生長。子株を出して群生する。直射日光は避ける。

ブラックシャーク
Haworthia 'Black Shark'

| 春秋型 | 8cm |

葉先につく窓が、ほかのハオルチアにはない独特な形状。小さな突起もある。

チャイナドレス
Haworthia 'Chinadress'

| 春秋型 | 8cm |

細めの葉に斑が入り、株全体が半透明のようで、きれい。葉のふちには短く細い鋸歯。

巨大赤線オブツーサ きょだいあかせんおぶつーさ
Haworthia cooperi 'Akasen Lens'

| 春秋型 | 8cm |

クーペリーファミリーの赤線レンズ。葉がやや赤みをおびる。窓の透明感が印象的。

光るオブツーサ ひかるおぶつーさ
Haworthia cooperi hyb.

| 春秋型 | 8cm |

黄緑に透きとおる窓には、交配親である雪の華(p.107)由来のラメのような模様が浮かぶ。

大窓スリガラス 達磨クーペリ おおまどすりがらすだるまくーぺり
Haworthia cooperi hyb.

| 春秋型 | 9cm |

赤みをおびる葉が特徴の達磨クーペリの、葉先の窓が丸く大きいタイプ。

グリーンオブツーサ
Haworthia cooperi hyb.

| 春秋型 | 8cm |

窓の部分も黄緑で、全体にグリーン感が強い印象。

白肌オブツーサ しろはだおぶつーさ
Haworthia cooperi hyb.

| 春秋型 | 8cm |

トルンカータ(p.98)よりもマットで白っぽい。

天津オブツーサ てんしん
おぶつーさ
Haworthia cooperi hyb.

| 春秋型 | 10cm |

葉が紫を帯びる。

緑陰 りょくいん
Haworthia cooperi var. *leightonii* 'Ryokuin'

| 春秋型 | 8cm |

とがった葉先に短い毛をもつレイトニー。緑陰のほかにスーパーレッドなど色違いもある。

紫殿 しでん
Haworthia cooperi var. *leightonii* 'Shiden'

| 春秋型 | 8cm |

深緑の葉のとがった先端にはレイトニー種らしい短い毛がある。

ピリフェラ
Haworthia cooperi var. *pilifera*

| 春秋型 | 8cm |

鉱物の結晶のような縦長の葉姿。葉ざしではふえにくいので、株分けでふやす。

白斑ピリフェラ錦 はくはん
ぴりふぇらにしき
Haworthia cooperi var. *pilifera* f. *variegata*

| 春秋型 | 8cm |

白斑の透明感が美しく、人気の品種。強い光が苦手なので、明るい半日陰か窓辺に。

トルンカータ
Haworthia cooperi var. *truncata*

| 春秋型 | 8cm |

軟葉系ハオルチアの代表的存在。ぷっくりと丸く小さな葉が密集し生長すると群生する。
（現在、学名obtusaは使われておらず、別名として残る）

Column
1

ハオルチアのタイプ分類①

葉の先端が半透明に透きとおり、光にかざすとキラキラと美しいことで人気のハオルチアは「軟葉系」に区分され、「オブト系」とも呼ばれます。

ハオルチアの「窓」は、南アフリカの自生地で、乾燥した土地に半分埋もれたり、岩の陰などに隠れるように生えているため、光を取り込むために進化したものです。

ハオルチアには「オブト系」「レース系」と、タイプ分類②（→p.108）で紹介する「レツサ系」「玉扇」「硬葉系」があります。

[オブト系]

葉の先端に光を取り込む「窓」を持つタイプ。

玉梓 たまあずさ

[レース系]

葉のふちに細く伸びる鋸歯によって、レースをまとっているように見える。

アラクノイデア

宝草 たからぐさ
Haworthia cuspidata

春秋型　9cm

幅広で肉厚の葉は星形のロゼットをつくる。
子株がよく出るので、定期的に植え替えを。

京の華 きょうのはな
Haworthia cymbiformis var. *angustata*

春秋型　11cm

ロゼットの形がまるでバラの花のよう。寒くな
ってくると葉先がピンクに染まる。

ドラゴンボール
Haworthia 'Dragon Ball'

春秋型　8cm

むちむちの葉がつくるこんもりとしたロゼット。
出てくる子株も肉厚。暑さと多湿に注意。

エメリアエ
Haworthia emelyae

春秋型　13cm

エメリアエの群生株。三角の葉先にはざら
ざらとした凹凸。いくつかの変種がある。

ウイミー（別名：マジョール）
Haworthia emelyae var. *major*

春秋型　8cm

窓の部分は太くて短い毛のような突起で覆
われ、ゴツゴツした印象。

チョベリバ
Haworthia fasciata 'Choveriba'

春秋型　8cm

ネーミングが愉快。超ベリーワイドバンドの
略らしい。白いバンド状の模様がくっきり。

白蝶 はくちょう
Haworthia fasciata 'Hakucho'

春秋型　8cm

十二の巻の斑入り品種。ライムグリーンの葉
がさわやかな印象。

十二の巻 じゅうにのまき
Haworthia fasciata 'Jyuni-no-maki'

春秋型　9cm

fasciata種の中心的品種。葉の外側に白い
結節がつながった縞模様が入る。

十二の爪 じゅうにのつめ
Haworthia fasciata 'Jyuni-no-tsume'

春秋型　8cm

葉は内向きにゆるやかに曲がり、先端が赤
いので指のように見える。

Part 3 | 人気の多肉植物図鑑 |

ショートリーフ

Haworthia fasciata 'Short Leaf'

春秋型　8cm

fasciata種の中でも葉が細く短い。白い結節はボーダー状につながる。

十二の巻 スーパーワイドバンド

じゅうにのまき　すーぱーわいどばんど

Haworthia fasciata 'Super Wide Band'

春秋型　8cm

十二の巻（p.99）にはさまざまなタイプがあるが、白い縞模様が太く、印象的な種。

ガメラ

Haworthia 'Gamera'

春秋型　9cm

美しいレース系のボルシーが交配親だが、ガメラといわれると怪獣の爪にも見える。

ヘレイ

Haworthia glauca var. *herrei*

春秋型　8cm

ダークで蒼い剣のような葉が特徴。子株もよく出て群生。シャープでカッコイイ雰囲気。

グラキリス

Haworthia gracilis

春秋型　10cm

花が咲いたようなロゼット。よく株分かれして群生するので、定期的に仕立て直しを。

ピクツラータ

Haworthia gracilis var. *picturata*

春秋型　8cm

グラキリス種の変種。薄黄緑の半透明の窓がきれい。直射日光と多湿に注意。

グリーンジェム

Haworthia 'Green Gem'

春秋型　8cm

ハオルチア交配種の中でも奇異なフォルム。万象とトルンカータ（p.98）が交配親。

グリーンローズ

Haworthia 'Green Rose'

春秋型　8cm

玉扇とマグニフィカの交配で、バラの花のような形に変身。交配の妙である。

白帝城

はくていじょう

Haworthia 'Hakuteijyo'

春秋型　9cm

紫水晶のような色合いでファンも多い。窓には半透明の突起斑点がある。

コレクタ×スプリング
Haworthia hyb.

春秋型　10cm

シックな色合いの窓には線模様。従来コレクタと呼ばれていた種は現在はpictaの仲間。

白雪絵巻 しらゆきえまき
Haworthia hyb.

春秋型　8cm

白雪姫とベヌスタの交配種。線状につくやわらかく細い突起が特徴。

春雷×オーロラ しゅんらい×おーろら
Haworthia hyb.

春秋型　10cm

窓に入る紋様は雷タイプ。窓の透明感は春雷ゆずり。

鼓笛 こてき
Haworthia 'Koteki'

春秋型　8cm

短めの三角葉の外側に細かな白いドット模様。よく子株を出して群生する。

鼓笛錦 こてきにしき
Haworthia 'Koteki Nishiki'

春秋型　8cm

鼓笛の斑入り種。黄緑やクリーム色の斑がランダムに入る。寄せ植えの彩りにも。

リミフォリア（別名：瑠璃殿 るりでん）
Haworthia limifolia

春秋型　8cm

幅広の葉が旋回して重なる。リミフォリア系の原種。浮き出る縞模様が特徴。

瑠璃殿錦 るりでんにしき
Haworthia limifolia f. *variegata*

春秋型　11cm

リミフォリアに黄色の斑が入った品種。個体によって異なる斑の入り方を愛でる楽しみ。

スパイダーホワイト
Haworthia limiforia 'Striata'

春秋型　9cm

白い縞模様がさわやかだが、別名の通り、クモの巣も思い浮かぶ。

マヤ
Haworthia magnifica sp.

春秋型　8cm

大きく開く三角の窓が特徴のマグニフィカの仲間。ほかに変種や交配種も多い。

白羊宮 はくようきゅう
Haworthia 'Manda's hybrid'

春秋型　8cm

明るいライムグリーンの葉が特徴。よく子株を出して群生する。

マンテリー
Haworthia 'Manteri'

春秋型　8cm

鉱物の結晶のようなフォルムが特徴。クーペリー系と万象 maughanii との交配種。

大文字 だいもんじ
Haworthia maughanii 'Daimonji'

春秋型　8cm

深緑の葉に、白くくっきりと入る線模様。流通数は少ないが、ファンは多い品種。

紫晃 しこう
Haworthia maughanii 'Shiko'

春秋型　10cm

紫がかった緑色の葉色。窓の線模様が白ではなく、淡い若草色に入るのが特徴。

氷雪 ひょうせつ
Haworthia maughanii 'Hyosetsu'

春秋型　10cm

葉が扇状に広がるが、maughanii 万象に分類されている。雪の結晶のような窓模様。

雪国 ゆきぐに
Haworthia maughanii 'Yukiguni'

春秋型　8cm

半透明に白い窓に小さく入る線模様。葉の色も透明感があって、上品な印象。

ミラーボール
Haworthia 'Miller Ball'

春秋型　8cm

光沢のある大きな窓と葉先にツンと立つ細く短い鋸歯。クーペリー系交配種の人気品種。

ムンドラ
Haworthia mirabilis var. *mundla*

春秋型　8cm

数多くの変種をもつミラビリスの一つ。葉が短く、窓に黄緑のシンプルな線が入る。

パラドクサ
Haworthia mirabilis var. *paradoxa*

春秋型　8cm

葉の表面に透明な点のようなものがぶつぶつと出ている。

オラソニー

Haworthia 'Ollasonii'

| 春秋型 | 8cm |

茶褐色の葉とグリーン系の窓のコントラスト
がシック。ハオルチアの寄せ植えの主役にも。

ピクタ

Haworthia picta

| 春秋型 | 8cm |

窓に入る小さな白い斑点が深緑に映える。
ピクタ種も数多くの変種、交配種を持つ。

ピクタ クレオパトラ×メビウス

Haworthia picta 'Cleopatra×Mevius'

| 春秋型 | 10cm |

丸くふっくらと盛りあがる窓に入る、白い斑点
模様が上品な印象。

プリンセスドレス

Haworthia 'Princess Dress'

| 春秋型 | 9cm |

すらりと伸びる葉と大きな窓。透明感のある上
品な交配種。春、花茎を伸ばし白い花が咲く。

プミラ×バッカータ

Haworthia pumila× 'Baccata'

| 春秋型 | 8cm |

同じタイプの硬葉系同士でかけ合わせた謎
が多い交配種だが、葉も締まって形がよい。

冬の星座 ふゆのせいざ

Haworthia pumila 'Papillosa'

| 春秋型 | 8cm |

濃緑の太い葉に小さな丸をアイシングしたよ
うな姿がかわいらしい。丈夫で育てやすい。

ピグマエア

Haworthia pygmaea

| 春秋型 | 9cm |

葉の上部がうっすらと白く見えるのは、短く
白い微毛が生えているため。

ピグマエア スーパーホワイト

Haworthia pygmaea 'Super White'

| 春秋型 | 10cm |

一筋の線状を残して白い微毛が生える。窓
は丸く盛りあがり、株全体も丸みがある。

レインワルディ

Haworthia reinwardtii

| 春秋型 | 8cm |

きゅっと締まった株、白い結節はドット状。
株元から子株がよく出て、群生する。

カファドリフェンシス
Haworthia reinwardtii 'Kaffirdriftensis'

| 春秋型 | 9cm |

白い結節を持つ種の多くがボーダー状だが、カファドリフェンシスは縦に並ぶ。

星の林 ほしのはやし
Haworthia reinwardtii var. *archibaldiae*

| 春秋型 | 8cm |

一つひとつの葉の背に丸みがあり、白い結節が点在する。まさに星の林といった印象。

紫翠 しすい
Haworthia resendeana

| 春秋型 | 8cm |

葉が回転するように生えて上へ伸びていく美しい姿。群生する様子もよい。

レティキュラータ
Haworthia reticulata

| 春秋型 | 8cm |

淡い黄緑の葉に半透明の丸い斑が入る。水玉模様のようで、可憐な雰囲気。

レツーサ
Haworthia retusa

| 春秋型 | 8cm |

反り返ったような葉先、透明感ある大きな三角の窓が特徴。変種、交配種も多い。

寿光 じゅこう
Haworthia retusa byb.

| 春秋型 | 8cm |

小型のレツーサでうっすらと黄緑の斑が入っている。子株を盛んに出して群生する。

多肉植物のお手入れ Petit

【子株がふえて、根も詰まってきた】

ハオルチア レツーサ
Haworthia retusa

1 古い根が絡み合っていたり、土で詰まっていたら、ピンセットなどで軽く突いてみる。

2 取れにくい子株はへら状のものを差し込むなどして取りはずす。

3 それでも取れないものは、バキッと折っても大丈夫。はずした子株の根が切れてしまっても、少し置いておけば根が出てくる。

4 親株、子株は、それぞれ植えつけて完成。

シルバニア
Haworthia mutica hyb.

春秋型　8cm

ふっくらとした大きな葉。生長すると窓一面
が白くなり、緑の葉脈が線状に残る。

静鼓 せいこ
Haworthia 'Seiko'

春秋型

8cm

玉扇とレツーサの
交配種。中心部の
葉は一列に並ぶ
が外側は回り込む
という、独特な姿。

紫禁城 しきんじょう
Haworthia splendens hyb.

春秋型　10cm

肉厚な葉の先端には無数の白い斑と半透
明の小さな丸い斑が並ぶ。

スプリングボクブラケンシス
Haworthia springbokvlakensis

春秋型　8cm

葉の先端が丸く扁平で、大きな窓には線状
の模様。交配親として使われることが多い。

スプリング系交配種
Haworthia springbokvlakensis hyb.

春秋型　8cm

深紫の葉に、窓は深緑の半透明。ダークな
色合いが印象的な交配種。

スプリング系交配種 KAPHTA
Haworthia springbokvlakensis 'KAPHTA'

春秋型　10cm

スプリング系交配種の一つ。反り返る葉の
先端が小さめなので万象のようにも見える。

玉梓 たまあずさ
Haworthia 'Tamaazusa'

春秋型　8cm

透き通る窓が美しい。おそらくクーペリー系
の交配種だと思われるが、交配親は不明。

パルバ
Haworthia tessellata var. *parva*

春秋型　8cm

小さく反り返る三角窓に縦線が入る。テッ
セラータ種も変種や交配種が多数ある。

五重の塔 ごじゅうのとう
Haworthia tortuosa

春秋型　9cm

輪生する鋭い葉が重なり、塔のように生長。葉の上には微細な突起がついている。

幻の塔 まぼろしのとう
Haworthia tortuosa f. *variegata*

春秋型　8cm

シャープな葉に入る白いまだら模様が特徴。五重の塔の斑入りタイプ。

白麗 びゃくれい
Haworthia truncata 'Byakurei'

春秋型　10cm

茶褐色の葉に蒼白の線がゆったりと波打つように入る。

グリーン玉扇 ぐりーんぎょくせん
Haworthia truncata 'Lime Green'

春秋型　8cm

玉扇の変種ではなく、別のハオルチア品種との交配種。明るいライムグリーンが人気。

シロナガス
Haworthia truncata 'Shironagasu'

春秋型　10cm

大型でどっしりとしたフォルムはまさに鯨のよう。白い模様はヒゲに見立てるか。

月影 つきかげ
Haworthia 'Tukikage'

春秋型　12cm

濡れたように艶やかで透明感のある葉と窓。深緑の窓に入る網目模様が見事。

祝宴錦 しゅくえんにしき
Haworthia turgida f. *variegate*

春秋型　9cm

葉が長いので窓も長く、全体に透明感が高い。葉先が踊るようにカールするのが特徴。

玉緑 たまみどり
Haworthia turgida 'Tamamidori'

春秋型　8cm

とがった小さな三角の葉がバラの花のような小さなロゼットをつくる。子株を出して群生。

雪の華 <small>ゆきのはな</small>
Haworthia turgida var. *pallidifolia*

`春秋型`　`8cm`

淡い黄緑と小さな窓、キラキラ光って見える
白いドット柄。やさしい感じのする品種。

ウンブラティコーラ
Haworthia umbraticola

`春秋型`　`12cm`

小さな三角の葉がロゼットをつくり、びっしり
と群生する。

タイガーピグ
Haworthia 'Tiger Pig'

`春秋型`　`8cm`

ピグマエアと毛蟹の交配種。毛蟹も交配種
であり、いろいろな遺伝情報が混じる品種。

雪景色 <small>ゆきげしき</small>
Haworthia 'Yukigeshiki'

`春秋型`　`8cm`

白い斑模様と半透明の模様のような窓、緑
の線らが織りなす絵のような姿が美しい。

獅子寿 <small>ししことぶき</small>
Haworthia sp.

`春秋型`　`8cm`

ギザギザとした小さな鋸歯。小型のハオル
チアながら勇ましい雰囲気。

シュガープラム
Haworthia sp.

`春秋型`　`8cm`

深い緑の葉、葉先の窓も同系色で、濃い緑
色のハオルチアという印象。

セシリフォリア
Haworthia sp.

`春秋型`　`8cm`

葉の表が半透明の緑、裏が紫。子株をたく
さん出して群生する。

鶴の城 <small>つるのしろ</small>
Haworthia sp.

`春秋型`　`8cm`

黄緑の葉の先にほんのり紅がさす。細めの
葉と白い小さな結節が繊細な印象。

花鏡 <small>かきょう</small>
Haworthia sp.

`春秋型`　`8cm`

透明感のある明るい緑の葉を広げるように
生長、かわいらしいロゼットをつくり、群生する。

ハオルチアのタイプ分類②

［レツサ系］

反り返って大きく三角に上を向いた葉先に窓がある。窓に入る斑紋や線状模様が多彩。

ピクタ

［玉扇・万象］

スパッと切断したような葉先には半透明の窓。横から見て扇形に生育するのが玉扇。らせん葉序になるのが万象。

シロナガス　　　紫晃（しこう）

［硬葉系］

とがった硬い葉をつけるタイプは、葉に縞やドット模様が入る。

リミフォリア　　　十二の巻

Bulbine

ブルビネ

ツルボラン科

原産国：南アフリカ ／ 育てやすさ：★★☆ ／ 冬型 ／
水やり：秋から春は土が完全に乾いたらたっぷりと。
夏は月に数回、少量を与える。

［特徴と栽培のコツ］

秋から春は日当たりと風通しのよい場所で育てる。日照不足だと葉が徒長してくるので、十分日に当てる。夏の休眠に入って葉が枯れ始めたら、雨のかからない涼しい場所で管理。蒸し暑い場所だと枯れてしまうことがあるので注意。

マルガリタエ *Bulbine margrethae*

冬型

8cm

網目模様のある細い葉。冬はあずき色に紅葉。土の中に太い塊根ができる。

Poellnitzia

ポエルニッジア

ツルボラン科

原産国：南アフリカ ／ 育てやすさ：★★☆ ／ 春秋型 ／
水やり：秋から春は土が完全に乾いたらたっぷりと。
夏は月に数回、少量を与える。

［特徴と栽培のコツ］

アストロロバ属の近縁種で、葉のつき方がよく似ている（アストロロバ属に含めるべきという意見もある）。栽培のコツもほぼ同じ。軒下など半日陰で、かつ風通しのよい場所で育てる。

青磁塔 せいじとう *Poellnitzia rubriflora*

春秋型

8cm

葉が整然と重なるように生長する"塔"のひとつ。青みがかった緑色に品がある。

Euphorbia

ユーフォルビア

トウダイグサ科

原産国：アフリカ、マダガスカルなど ／ 育てやすさ：★★☆ ／ 夏型・春秋型・冬型 ／
水やり：ほかの多肉植物と比べて乾燥に弱いので、生育期にはたっぷりと。休眠期も完全に乾かさないようにときどき与える。

［特徴］

ユーフォルビア属は世界中（熱帯から温帯）に分布する大きな植物属。その中で多肉植物として知られ、栽培されているものは約500種。それぞれの環境に応じて、茎や枝が多肉化するなどの進化を遂げたもの。

［栽培のコツ］

原産地の環境にもよるが、基本は日当たりと風通しのよい場所に置く。寒さに弱い種は冬は日当たりのよい室内に移動。全体的に他の多肉に比べると乾燥に弱く、休眠期も完全に乾かさないように注意。

アエルギノーサ
Euphorbia aeruginosa

夏型
13cm

青磁色の細い幹に、つややかな銅色のトゲと座が一体になったようなものが規則的に並ぶ。

オンコンクラータ
Euphorbia alluaudii ssp. *onconclada*

夏型
10cm

細長く伸びる茎と小さな葉がユニーク。花は咲くが、ユーフォルビア属は雌雄異株が多く、受粉して実をつけるには雌雄そろえる必要あり。

オンコンクラータ（綴化）
Euphorbia alluaudii ssp. *onconclada* f. *cristata*

夏型
9cm

茎の生長点になんらかの影響で異常が起き、通常とは異なる形に生長。「ぐーちょきばー」という名前で流通していることも。

鉄甲丸 てっこうまる
Euphorbia bupleurifolia

春秋型
11cm

バイナップルの皮のように見える幹の凸凹は、冬に葉を落とした跡。多湿に弱いので、梅雨〜夏は風通しのよい場所で。

逆鱗竜 げきりんりゅう
Euphorbia clandestina

| 夏型 | 10cm |

生長するにつれ上のほうが太くなり、くねくね
とした状態で伸びていく。まさに竜の如し。

クーペリー（別名：瑠璃塔）
Euphorbia cooperi

| 夏型 | 10cm |

葉が退化した棒状ユーフォルビアのひとつ。
生長が早い。樹液に毒性があるので注意。

デカリー（別名：ちび花キリン）
Euphorbia decaryi

| 夏型 | 11cm |

葉の下に枝と塊根。園芸苗は流通している
が、自生地ではワシントン条約附属書I登録。

紅彩閣 こうさいかく（石化）
Euphorbia enopla f. *monstrosa*

| 夏型 | 9cm |

株全体に鋭いトゲを持つ。新芽が伸びる頃、
トゲの赤みが増す。丈夫で育てやすい。

孔雀丸 くじゃくまる
Euphorbia flanaganii

| 夏型 | 13cm |

多くの枝を出す「タコもの」の代表種。年に
数回、枝先に小さな黄色い花を咲かせる。

峨眉山 がびざん
Euphorbia 'Gabizan'

| 夏型 | 10cm |

落葉部分が凸凹になるのは、交配親の鉄甲
丸由来。夏の高温多湿、直射日光に弱い。

グロボーサ（別名：玉鱗宝）
Euphorbia globosa

| 夏型 | 10cm |

玉のような丸い枝を出す。ボールを重ねたよ
うなユニークな姿に生長する。

Column 1

ユーフォルビアの白い樹液

　ほとんどのユーフォルビアは毒性の強い樹液を持っています。根や茎、葉に傷がつくと出てくる白い樹液は、皮膚や目を刺激する物質が含まれているので、注意が必要です。

＊直接、皮膚や目に触れないようにする。
＊もし樹液がついてしまったら、すぐに石けんを使ってよく洗い流す。
＊さし木をする場合は、幹や根の切り口の樹液をよくふきとるか、水で洗い流すなどしてから、切り口をよく乾かすこと。
＊さし木などの作業は風通しのよい場所で。

紅彩閣

ゴリサナ
Euphorbia golisana

夏型

8cm

赤く長いトゲが全体をおおっている。生長すると群生して林のような株をつくる。

ギラウミニアナ
Euphorbia guillauminiana

夏型　14cm

冬には落葉。春を過ぎると葉が出始め、花も咲く。梅雨から夏の多湿と冬の寒さが苦手。

ホリダ
Euphorbia horrida

夏型　8cm

トゲは花が咲いたあとの花柄が残ったもの。直射日光に弱いので、半日陰で。

インコンスタンチア
Euphorbia inconstantia

夏型　12cm

球形のユーフォルビアは水をたくさんためられるので、水やりは土が完全に乾いてから。

九頭竜 （くずりゅう）
Euphorbia inermis

夏型　12cm

タコものの水やりも土が完全に乾いてから。与えすぎると枝がヒョロヒョロと伸びてしまう。

ラクテア クリスタータ （春峰 しゅんぽう）
Euphorbia lactea f. *cristata*

夏型　11cm

生長点が帯状に連なったラクテアの綴化タイプ。白や赤、斑入りなどバリエーションが多い。

ラクテア クリスタータ （黄金春峰 こがねしゅんぽう）
Euphorbia lactea f. *cristata*

夏型　11cm

クリーム色の斑が入る。

ホワイトゴースト
Euphorbia lactea 'White Ghost'

夏型

9cm

ラクテアの白化品種。新芽はピンクで徐々に白くなっていく。丈夫で育てやすい。

白樺キリン しらかばきりん
Euphorbia mammillaris f. *variegata*

| 春秋型 | 8cm |

マミラリスの斑入り品種。色素が抜けている分、強い日差しに弱いので真夏は注意。

蒼竜 そうりゅう
Euphorbia mauritanica

| 夏型 | 11cm |

葉が少なく、枝だけが茂っているように見えるユーフォルビア緑枝類の一つ。

バリダ（別名：万代 ばんだい）
Euphorbia meloformis ssp. *valida*

| 夏型 | 8cm |

球体の株には特徴的な縞模様、子を吹き、花が咲いたあとの枯れた花柄も残る。

花キリン 原種 はなきりん
Euphorbia millii

| 夏型 | 12cm |

マダガスカル島原産。現在も新たな自生地の発見が続いており、自生地ごとに特徴がある。

花キリン 園芸種
Euphorbia millii cv.

| 夏型 | 12cm |

世界中のmillii愛好家たちによって多くの園芸種、交配種が作られている。

花キリン 交配種
Euphorbia millii hyb.

| 夏型 | 9cm |

全体にびっしり生えたトゲと可憐な花。樹形もさまざまでファンが多い品種。

Column
1

個性豊かな
ユーフォルビア属

　ユーフォルビア属は世界中のさまざまな地域に分布する大きなグループで、約2000種あるといわれています。多肉植物はその中の500〜1000種程度ですが、自生地に適した形に進化しているため、同じ属とは思えないほど、個性的で、多種多様な形をしています。

オベサ
Euphorbia obesa

| 夏型 | 10cm |

ころんと丸い形、チェック模様。これが自然の産物だと信じられないほどかわいらしい。

シンメトリカ
Euphorbia obesa ssp. *symmetrica*

| 夏型 | 10cm |

オベサより少し扁平。球体の種は体内に水をたくわえている。水の与えすぎに注意。

左端縦書き：Part 3 ｜ 人気の多肉植物図鑑 ｜

仔吹きシンメトリカ こふき しんめとりか
Euphorbia obesa ssp. *symmetrica*

`夏型`　`10cm`

オベサのグループは、球体に稜から小さな子株をいくつも吹くという特徴がある。

ポリゴナ
Euphorbia polygona

`夏型`　`8cm`

見た目が似るホリダとの違いは、花の色と稜の数。ポリゴナの花は黒紫、稜が多い。

稚児キリン ちごきりん
Euphorbia pseudoglobosa

`夏型`　`7cm`

小さな丸い株が密生するので、多湿に注意。高温多湿時期は扇風機などもうまく利用して。

蘇鉄キリン そてつきりん
Euphorbia 'Sotetsukirin'

`夏型`　`10cm`

写真の株が5～6年物。ゆっくり生長し、風格ある姿になっていく。人気の交配種。

姫キリン ひめきりん
Euphorbia submamillaris

`夏型`　`8cm`

キリンと名のつくユーフォルビアの中では小型。株元から子株をたくさん出し、群生する。

ポイソニー
Euphorbia venenifica ssp. *poissonii*

`夏型`　`12cm`

数多くの交配種の親でもあるベネニフィカの亜種。葉先にはわずかに波打つ鋸歯がある。

Column 1

サボテンのトゲとユーフォルビアのトゲ

　ユーフォルビア属には、サボテン科のようなトゲを持つものが数多くあります。

　見分けるポイントは、サボテン科のトゲには「刺座」という器官があること。刺座とはトゲのつけ根にある白い綿毛のような部分で、短く退化した枝が変形したもの。トゲがないサボテンでも刺座はあります。一方、ユーフォルビア属のトゲには刺座はありません。

　トゲのでき方にも違いがあります。サボテン科のトゲは主に「托葉」が変化したものだと考えられています。トゲになることで葉から蒸散する水分を最小限に抑え、また、食害動物から身を守るなどの働きがあるようです。

　ユーフォルビア属は、托葉が変化したもの、花が咲き終わったあとの花柄が硬質化して残ったものなどさまざまです。

クーペリー（ユーフォルビア属）

般若（サボテン科）

Monadeniumu

モナデニウム

トウダイグサ科

原産国：アフリカなど ／ 育てやすさ：★★☆ ／ 夏型・春秋型 ／

水やり：ほかの多肉植物と較べて乾燥に弱いので、生育期にはたっぷりと。休眠期も完全に乾かさないようにときどき与える。

［特徴］

ユーフォルビア属の近縁種。茎や枝が多肉化し、イボイボしたり、葉が退化したりしたものや、塊根が大きくなるもの、など個性的なフォルムが楽しい。

［栽培のコツ］

ユーフォルビア属と同じように根張りが弱い種が多く、乾燥に弱い。長時間、完全に断水すると根が弱ってしまうため、休眠期の冬も月に数回、水やりをする。冬は日当たりのよい室内に移動。

エレンベッキー

Monadenium ellenbeckii

`夏型` `10cm`

アスパラガスのような丸棒状の茎から分岐して生長する。さし木でふやせる。

ドラゴンテール

Monadenium guentheri

`夏型` `8cm`

ボコボコした緑の幹は上へと伸び、40～50cmにまで生長。株の先端に白い花が咲く。

タンザニアレッド

Monadenium schubei 'Tanzania Red'

`春秋型` `10cm`

白と赤のコントラストが美しい花は9月～12月にかけて咲く。赤紫の幹も美しい。

リチェイ

Monadenium ritchiei

`夏型`
`10cm`

初夏、ボコボコむちむちとした幹から葉が出るが、まもなく脱落。そしてピンクの小さな花が咲く。真夏の直射日光に弱く、赤く葉焼けすることがあるので、遮光ネットなどで調整。

デカルデアエ

Monadenium sp.

`春秋型` `11cm`

淡いクリームグリーンと白い斑模様、ピンクの葉のコントラストがきれい。よく子株が出る。

Pedilanthus

ペディランサス

トウダイグサ科

原産国：アフリカ ／ 育てやすさ：★★☆ ／ 夏型 ／
水やり：水やり：ほかの多肉植物と較べて乾燥に弱いので、生育
期にはたっぷりと。休眠期も完全に乾かさないようにときどき与える。

［特徴と栽培のコツ］

基本的にはユーフォルビア属と同じ。一年を通して日当たり
のよい場所で育てる。生育期の5月から9月頃までは土が
乾いたらたっぷり水を与える。休眠期は控えめ。暖かくなっ
てきたら少しずつ水やりの量を増やす。

ミルクハーモニー *Pedilanthus smallii nana*

| 夏型 | 8cm |

株全体に白い粉をまとい、
葉にも白い斑が入り、えも
言われぬ美しさ。和名は
大銀竜。それも納得。

Jatropha

ヤトロファ

トウダイグサ科

原産国：中央アジア、東インド諸島など／育てやすさ：★★☆／夏型／
水やり：土が完全に乾いてからたっぷりと。
冬は断水。

［特徴と栽培のコツ］

寒さに弱いので、最低気温が15℃を下回るようになった
ら日当たりのよい室内に移動。葉が落ち始めたら少しず
つ水やりを減らし、葉が全部落ちたら断水。春先、葉が
出てきたら少しずつ水やりを始めて、夏の水やりに戻す。

錦サンゴ にしきサンゴ *Jatropha berlandieri*

| 夏型 | 15cm |

丸くたっぷりとした塊根と
深い切れ込みのある葉が
特徴。夏にコーラルピンク
の花が咲く。

Lithops

リトープス

ハマミズナ科（メセン類）

原産国：南アフリカ ／ 育てやすさ：★☆☆ ／ 冬型 ／
水やり：秋から春にかけては土が乾いたらたっぷりと。そのあと少しずつ減らしていき、休眠する夏は断水気味に。

［特徴］	［栽培のコツ］
一対の葉と茎が合体した不思議なフォルムは、動物に食べられないよう進化、石に擬態した結果だといわれている。南アフリカの乾燥地帯の砂礫土壌に生息。美しい模様と色合いは「生きた宝石」と呼ばれる。	形よく育てるコツは秋から春にかけて、風通しのよい場所で、たっぷり日に当てること。春、古い葉が割れて脱皮が始まったら、新芽まで脱皮してしまう二重脱皮を防ぐため、水は控えめに。

日輪玉 にちりんぎょく
Lithops aucampiae

冬型　6cm

赤茶色の窓色に茶褐色の網目模様が入る。丈夫で、初心者でも育てやすい品種。

ジャクソンズジェイド（黄花黄日輪玉）
Lithops aucampiae 'Jackson's jade'

冬型　7cm

日輪玉の異型で黄肌・黄花。

柘榴玉 ざくろぎょく
Lithops bromfieldii

冬型　6cm

この株の色は渋いが、柘榴玉には変種が多く、赤紫や黄色などさまざまな色合いがある。

グラウディナエ
Lithops bromfieldii var. *glaudinae*

冬型　6cm

これも地味な色合いの変種。秋に黄色い花が咲く。

黄微紋玉 きびもんぎょく
Lithops fulviceps 'Aurea'

冬型　6cm

微紋玉の突然変異。薄い黄緑の窓色に深緑のドット模様。名は黄だが秋に咲く花は白。

網目巴里玉
あみめばりぎょく
Lithops hallii

冬型

6cm

きりっとした赤褐色の網目模様が美しく、ファンが多い品種。2010年頃からこの名前で流通するようになり、巴里玉の選抜品種とされているが、不明点も多い。秋に白い花が咲く。

青磁玉 せいじぎょく
Lithops helmutii

冬型

6cm

葉がふたつに割れるタイプ。透明感のあるブルーグレイの葉色が特徴。

富貴玉 ふうきぎょく
Lithops hookeri

冬型

6cm

脳のような網目模様が特徴。色や模様のバリエーションが豊富で、変種、亜種がある。

紫褐富貴玉 しかつふうきぎょく
Lithops hookeri var. *subfenestrata* 'Brunneoviolacea'

冬型

6cm

富貴玉のなかの紫褐色のタイプ。窓部分の模様が地色に沈み込むように入っている。

寿麗玉 じゅれいぎょく
Lithops julii

冬型

6cm

寿麗玉も多くの変種、亜種があり、色や模様のバリエーションが豊富。白い花をつける。

レティキュラータ
Lithops julii 'Reticulate'

冬型

6cm

グレーの窓色に赤褐色の模様がくっきりと入るタイプ。

紅窓玉 こうそうぎょく
Lithops julii ssp. *fulleri* 'Kosogyoku'

冬型

6cm

模様はあまり目立たず、マットな紅色。冬に大きな白い花が咲く。

緑福来玉 みどりふくらいぎょく
Lithops julii ssp. *fulleri* var. 'Fullergreen'

冬型

6cm

福来玉が緑化した変異種。エメラルドグリーンの株に咲く花は白。

朱唇玉 しゅしんぎょく
Lithops karasmontana 'Syusingyoku'

冬型

6㎝

カラスモンタナ(花紋玉)の改良種で、鮮やかな赤い模様が印象的。白い花が咲く。

トップレッド
Lithops karasmontana 'Topred'

冬型

6㎝

くっきりと入っている赤い網目模様が特徴。

アルビニカ (別名:白花黄紫勲)
Lithops lesliei ssp. lesliei var. 'Albinica'

冬型

6㎝

リトープスの定番「紫勲 lesliei」の亜種。窓に入る鮮やかな黄色が特徴。

グレー紫勲 ぐれーしくん
Lithops lesliei 'Grey'

冬型

6㎝

灰色がかった緑色の模様が入る。

紫褐紫勲 しかつしくん
Lithops lesliei var. *rubrobrunnea*

冬型

6㎝

赤銅色の窓に深い紫の模様が入る。

麗春玉 れいしゅんぎょく
Lithops localis 'Peersii'

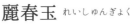

冬型

6㎝

株の頂面が丸くふくらみ6～8頭に分頭する。薄い桃灰色の窓面にはドット模様。

繭形玉 <small>まゆがたぎょく</small>
Lithops marmorata

`冬型` `6cm`

ふっくらと丸みを帯びた形がかわいらしい。秋から冬にかけて白い花を咲かせる。

ノーリーニアェ
Lithops naureeniae

`冬型` `6cm`

淡いあずき色とグレーがかった緑とのコントラストが上品。秋に黄色い花が咲く。

曲玉 <small>まがだま</small>
Lithops pseudotruncatella

`冬型` `7cm`

珪石や雲母片岩に擬態。灰褐色で割れ目が小さく、枝とドットの模様が入る。

招福玉 <small>しょうふくぎょく</small>
Lithops schwanteesii

`冬型` `6cm`

白っぽい色合いの種。招福玉も色違いの変種や亜種が多いが、どれも白っぽい。

リトープス交雑種
Lithops hyb.

`冬型`
`9cm`

交配親が不明、あるいは札が落ちてしまい名前がわからない「交雑種」たち。葉の形、頂上の窓の色合いや模様が少しずつ異なる。花も色は同じだが、花冠の形状が少し違っているのがわかる。入手することがあったら、交配親はだれだろうと推測してみるのも楽しい。

Column 1

リトープスが徒長してしまったら
次の脱皮を待つ

　台座のように低い姿勢のリトープスを姿よく育てるには、秋から春の生長期にたっぷり日に当てることが大事。この時期に日照不足だったり、また、風通しが悪いと「徒長」して、ひょろひょろと上に伸びてしまいます。

　このとき、ほかの多肉植物のように胴切りしたり、植え替えてしまってはダメ。次の「脱皮」を待ちましょう。

　それまでの間、休眠期の夏には軒下や遮光ネットなどを使った半日陰で、風通しのよい場所で管理。秋から春にかけてはしっかり日に当て、じっと次の脱皮を待てば、翌年、リトープスらしい新芽が出てきます。

徒長した株の中央から新芽が出ている。

Conophytum

コノフィツム

ハマミズナ科（メセン類）

原産国：南アフリカ ／ 育てやすさ：★★☆ ／ 冬型 ／

水やり：秋から春にかけては土が乾いたらたっぷりと。そのあと少しずつ減らしていき、休眠する夏は断水気味に。

［特徴］	［栽培のコツ］
ころんとした丸形、まるで足袋や鞍のような形、など2枚の葉だけで玉のような形に進化した姿がかわいらしい。パッと上向きに咲く鮮やかな色の花も人気で、多くの園芸種がつくられている。	リトープス同様、脱皮することで生長。株が小さく、休眠する夏に断水すると枯れてしまうので、月2回程度少量の水を与える。秋に水やりを始めると古い葉の間から新芽が出る。真冬は日当たりのよい室内で。

ブロウニー

Conophytum ectypum ssp. *brownii*

冬型

6㎝

小型で群生するエクティブムの亜種。赤紫の線が入る。花は薄いピンク。

フィシフォルメ

Conophytum ficiforme

冬型

7㎝

若草色の葉に赤紫のドット模様。群生して、赤紫と白のグラデーションがきれいな花が咲く。

フラブム

Conophytum flavum

冬型

8㎝

鞍形でよく群生する。マスカットグリーンの葉の頂部に半透明の小さなドット模様。

ノビシウム 夜咲き芳香花 のびしうむ／よざきほうこうか

Conophytum flavub ssp. *novicium*

冬型

7㎝

夜咲きコノフィツムのひとつ。昼咲きの花に比べると地味だが、虫を誘う香りを出す。

雨月 うげつ
Conophytum gratum

| 冬型 | 6cm |

平らな小石のようなフォルム。半透明のドットが入る。鮮やかなピンクの花が咲く。

ヘレアンサス
Conophytum herreaonthus

| 冬型 | 7cm |

大きな葉が左右に割れ交互に生える。旧ヘレアンサス属。

ルイザエ
Conophytum luisae

| 冬型 | 6cm |

浅い足袋形の上には赤紫の斑模様。秋に黄色い花が咲く。

ノタタム
Conophytum minimum 'Notatum'

| 冬型 | 7cm |

株元の赤紫と同じような色で、頂部にあざのような模様が入る。

ウィッデベルゲンセ
Conophytum minimum 'Wittebergense'

| 冬型 | 7cm |

色や模様の異なる変種、亜種が多いminimum。これは唐草のような模様。

ムンダム
Conophytum obcordellum 'Mundum'

| 冬型 | 7cm |

紫と黄緑のコントラストが美しい品種。オブコルデルムの園芸種。

玉彦 たまひこ
Conophytum obcordellum 'N. Vredendal'

| 冬型 | 10cm |

枯れた花が葉につくと色素沈着を起こすことがあるので、花がらは早めに取るとよい。

王宮殿 おうきゅうでん
Conophytum occultum

| 冬型 | 6cm |

小さな足袋形の葉が群生する様子がかわいい。

ペアルソニー
Conophytum pearsonii

| 冬型 | 6cm |

秋には葉が見えなくなるほど大きなピンクの花を咲かせる。葉に模様はほとんどない。

ペルシダム 3km Condordia
<ruby>3km<rt>さんきろめーとる</rt></ruby> <ruby>Condordia<rt>こんどるでぃあ</rt></ruby>

Conophytum pellucidum '3km Condordia'

冬型	7cm

色や模様、形状も多種多様な変種、亜種を
もつペルシダムグループの一つ。

ペルシダム ネオハリー

Conophytum pellucidum var. *neohallii*

冬型	7cm

ネオハリーの基本系。緑の株にベージュの
模様が入る。ネオハリーには色違いもある。

プラットベイキーズ

Conophytum pubescens 'W Platbakkies'

冬型	7cm

プベッセンスの園芸種だが、原種にはある
微毛がない。頂部に大きな透明な窓がある。

祝典 しゅくてん

Conophytum 'Shukuten'

冬型	10cm

足袋形の葉が一対、向かい合うように生
え、群生する。花はオレンジ色。

紫花祝典 しかしゅくてん

Conophytum 'Shukuten'

冬型	10cm

祝典の花の色違い。白からピンクのグラデ
ーションが美しい花が咲く。

水滴玉 すいてきだま

Conophytum 'Suitekidama'

冬型	10cm

つぶつぶと群生してかわいい品種。蒸れ
ないように風通しに注意。秋に藤色の花。

サンライン

Conophytum 'Sunline'

冬型	13cm

足袋形の爪先に赤いライン。小ぶりの黄色
い花が咲く。

サブグロボスム

Conophytum truncatum 'Subglobosum'

冬型	8cm

半透明のドット模様が目立つ。トルンカツ
ムのグループはどれも似た感じ。

ウビフォルメ

Conophytum uviforme

冬型	8cm

ぷくりとしたハート形。縫い目のような模様
が入る。夜咲きの白い花で、よい香りがする。

ウビフォルメ ヒリー
Conophytum uviforme 'Hillii'

`冬型` `8cm`

頂部にはドット模様と縫い目模様。

ベルチナム
Conophytum velutinum

`冬型` `10cm`

足袋形の葉の間から咲く、あんず色の鮮やかな花がかわいらしい。

厨子王 ずしおう
Conophytum 'Zushiou'

`冬型` `8cm`

頂部につく斑点に凹凸があるため、でこぼこした感じに見える。白い夜咲きの花が咲く。

多肉植物のお手入れ *petit*

コノフィツムとリトープスの"脱皮"

コノフィツムの一年

初夏（5月下旬～6月上旬）
少しずつ葉にシワが入り、表皮が茶色くなってくる。

夏（7月～8月）
見た目には枯れているように見えるが、茶色い皮をかぶって休眠している状態。枯れたわけではないので、大丈夫。

初秋（9月上旬）
生長期に入ると、茶色く枯れた皮を破って新芽が出る。水やりを少しずつ増やす。

↓

そして、脱皮した皮を取り除く。

1 古い皮が枯れている。

2 新しい葉を傷つけないように気をつけながら、ピンセットでつまみ取る。

3 枯れた花芽も取る。

4 上にスッと引き抜く感じ。

5 きれいに掃除が完了。

リトープスの一年

初春（2月頃）
葉にシワが寄ってきたら、脱皮のサイン。

春（4月中旬～）
古い葉が二つに割れて、その中に新しい葉が見えてくる。

夏（6月～7月）
古い葉が枯れたようになって、中から新しい葉が出てくる。

↓

脱皮した皮を取り除く。

1 コノフィツムの古い葉ほど枯れないが、このような形で新しい葉のまわりに残る。

2 新しい葉を傷つけないように気をつけながら、ピンセットでつまみ取る。

3 上にすっと引き抜くようにして取り除く。

Aloinopsis

アロイノプシス

ハマミズナ科（メセン類）

原産国：南アフリカなど ／ 育てやすさ：★☆☆ ／ 冬型
水やり：休眠期の夏は月に数回、さっと周辺の土をぬらす程度に。
それ以外の季節は土がしっかり乾いてからたっぷりと。

[特徴]

南アフリカを中心に、降雨量の少ない地域に自生する。多肉質の葉の表面にはミネラルや塩分をたくわえるためのつぶ状の突起がつくものが多い。

[栽培のコツ]

日当たりと風通しのよい場所に置く。湿気に弱いので、雨除けとなる屋根などがあり、風通しのよい屋外に置く。冬は霜に当てないよう、0℃を下回ることがあったら、日当たりのよい室内に移動。

天女雲　てんにょうん　*Aloinopsis malherbei*

冬型

10cm

優雅に広がる大きな葉。先端の白い突起は羽衣の飾りのよう。クリーム色の大輪の花が咲く。

オペニー　（別名：錦輝玉）　*Aloinopsis orpenii*

冬型

8cm

肉厚なのにゆらゆらと揺れるような葉の形が特徴的。葉には一面、小さな白いつぶがある。

Antegibbaeum

アンテギバエウム

ハマミズナ科（メセン類）

原産国：南アフリカ ／ 育てやすさ：★★☆ ／ 冬型 ／
水やり：休眠期の夏は月に数回、さっと周辺の土をぬらす程度。
それ以外の季節は土がしっかり乾いたらたっぷりと。

[特徴と栽培のコツ]

南アフリカの乾燥した砂礫土壌に自生。高温多湿が苦手なので、梅雨入りから真夏の管理に注意。この間はほぼ断水し、軒下か遮光ネットを使い、半日陰で育てる。耐寒性は高く、関東以西では屋外栽培も可。

碧玉　へきぎょく　*Antegibbaeum fissoides*

冬型

7cm

ぷくぷくと太った葉が対に展開。葉の外側には象の皮膚のようなシワがある。

Ihlenfeldtia

イーレンフェルディア

ハマミズナ科（メセン類）

原産国：南アフリカ ／ 育てやすさ：★★☆ ／ 冬型 ／
水やり：休眠期の夏は月に数回、さっと周辺の土をぬらす程度。
それ以外の季節は土がしっかり乾いたらたっぷりと。

[特徴と栽培のコツ]

ケイリドプシスから分離された新しい属。高温多湿が苦手なので、梅雨入りから真夏の管理に注意する。この間はほぼ断水し、軒下か遮光ネットを使い、半日陰で育てる。耐寒性は高い。

バンジリー　*Ihlenfeldtia vanzylii*

冬型

8cm

葉には象の皮膚のようなシワと、つぶ状の突起がある。鮮やかな黄色の花が咲く。

Phyllobolus

フィロボルス

ハマミズナ科（メセン類）

原産国：南アフリカ ／ 育てやすさ：★☆☆ ／ 冬型 ／
水やり：休眠期の夏は月に数回、さっと周辺の土をぬらす程度に。
それ以外の季節は土がしっかり乾いてからたっぷりと。

［特徴］	［栽培のコツ］
南アフリカの高原地帯の平原や岩場に自生する。多肉質の葉の表面はミネラルや塩分をたくわえるための小さなつぶで覆われている。	梅雨入りから真夏の管理に注意する。この間はほぼ断水し、直射日光も避けて、軒下か遮光ネットを使い、半日陰で育てる。寒さには強いが、冬の水やりは控えめにして、0℃以下になる時期は室内へ。

レスルゲンス （別名：サザーランド） *Phyllobolus resurgens*

冬型

8cm

幹が太るコーデックス。中心部の太い幹から枝を四方八方に伸ばす。葉の表面には小さなつぶがある。

テヌイフロルス　*Phyllobolus tenuiflorus*

冬型

7cm

幹が太るコーデックス。枝や花柄はうねうねと横に伸びる。花柄にはビロード毛。夏は落葉して休眠する。

Pleiospilos

プレイオスピロス

ハマミズナ科（メセン類）

原産国：南アフリカ ／ 育てやすさ：★☆☆ ／ 冬型 ／
水やり：休眠期の夏は月に数回、さっと周辺の土をぬらす程度に。
それ以外の季節は土がしっかり乾いてからたっぷりと。

［特徴］	［栽培のコツ］
水分をたっぷり含んだ、石のようにも見える葉がハマミズナ科らしい種類。秋から春に生長する冬型で、高温多湿が苦手なので、梅雨と真夏越えには注意が必要。	秋から春の生長期にはたっぷり日に当てる。梅雨入りから真夏はほぼ断水し、直射日光も避けて、軒下か遮光ネットを使い、半日陰で管理する。ネジラミがつきやすいので、定期的に植え替えを。

ネリー （別名：帝玉〈ていぎょく〉） *Pleiospilos nelii*

冬型

8cm

半球に近い肉厚の葉の表面には小さな緑の斑点。大きなオレンジ色の花が咲く。

ネリー ロイヤルフラッシュ （別名：紫帝玉〈してぃぎょく〉） *Pleiospilos nelii* 'Royal Flash'

冬型

8cm

ネリーの葉が紫になる園芸種。花は濃いピンク。子株が出にくいので、種子で増やす。

Argyroderma

アルギロデルマ

ハマミズナ科（メセン類）

原産国：南アフリカ ／ 育てやすさ：★☆☆ ／ 冬型 ／
水やり：休眠期の夏は月に数回、さっと周辺の土をぬらす程度に。
それ以外の季節は土がしっかり乾いてからたっぷりと。

[特徴と栽培のコツ]

属名は「銀白色の葉」という意味。夏の高温多湿は苦手
なので夏の管理に気をつける。生長期も多湿にすると身
割れすることがあるので、風通しのよい場所で管理。真
冬は0℃を下回るような時期は日当たりのよい室内へ。

デラエティー　*Argyroderma delaetii*

冬型

8cm

花色が赤、ピンク、
黄色、白と個体に
よって変化する。
八重咲ガーベラの
ような大きな花。

Oscularia

オスクラリア

ハマミズナ科（メセン類）

原産国：南アフリカ ／ 育てやすさ：★★★ ／ 冬型 ／
水やり：休眠期の夏は月に数回、さっと周辺の土をぬらす程度に。
それ以外の季節は土がしっかり乾いてからたっぷりと。

[特徴と栽培のコツ]

南アフリカのケープ半島に数種が自生するだけの小さな
属。茎は徐々に木化しながら枝分かれし、低木状になる。
冬型でも日本の真冬の寒さには弱い性質のハマミズナ科
の中では、比較的耐寒性があり、丈夫で育てやすい。

琴爪菊　きんそうぎく　*Oscularia deltoides*

冬型

11cm

小さな鋸歯のある
葉をつけ低木に
育つ。秋から冬、
日によく当てると
紅葉する。花はピ
ンク。

Glottiphyllum

グロティフイルム

ハマミズナ科（メセン類）

原産国 ／ 南アフリカ ／ 育てやすさ：★★★ ／ 冬型 ／
水やり：休眠期の夏は月に数回、さっと周辺の土をぬらす程度に。
それ以外の季節は土がしっかり乾いてからたっぷりと。

[特徴と栽培のコツ]

南アフリカに60種ほどが確認されている。三稜形から舌
状の葉がつく。日本の夏の暑さや真冬の寒さに弱いハマ
ミズナ科の中では、耐暑性、耐寒性が比較的高く、丈夫
でよくふえる。関東以西なら冬でも屋外で栽培が可能。

早乙女　さおとめ　*Glottiphyllum nelii*

冬型

10cm

幅の広い葉が扇
のような形になる。
秋に咲く黄色い花
とマスカットグリー
ンの葉が美しい。

Stomatium
ストマティウム

ハマミズナ科（メセン類）
原産国：南アフリカ ／ 育てやすさ：★★★ ／ 冬型 ／
水やり：休眠期の夏は月に数回、さっと周辺の土をぬらす程度に。
それ以外の季節は土がしっかり乾いてからたっぷりと。

[特徴と栽培のコツ]
基本的には丈夫で育てやすいが、日本の夏の高温多湿が
苦手なので、半日陰で風通しのよい場所で育てる。5℃〜
20℃と人にとっても心地よい気温の頃によく生育する。5
℃を下回るようになったら日当たりのよい室内に移動する。

笹舟玉　ささふねぎょく　*Stomatium duthieae*

冬型
10cm

葉一面に小さな突起、葉先には鋸歯、十字対生で整ってつく形。小さな葉にさまざまな情報が詰まっている。

Titanopsis
ティタノプシス

ハマミズナ科（メセン類）
原産国：南アフリカ ／ 育てやすさ：★★☆ ／ 冬型 ／
水やり：休眠期の夏は月に数回、さっと周辺の土をぬらす程度に。
それ以外の季節は土がしっかり乾いてからたっぷりと。

[特徴と栽培のコツ]
南アフリカの雨の少ない乾燥地に自生。水やりをしたら、
そのあとしっかり土を乾燥させることが大事。過酷な環境
を生き延びるため、葉の先端にはミネラルや塩分をたくわ
えるためのつぶがついている。

天女影　てんにょかげ　*Titanopsis schwantesii* 'Primosii'

冬型
10cm

葉の先に五角形や六角形の白いつぶがある。ここにミネラルや塩分をたくわえる。春から初夏に黄色い花。

Dinteranthus
ディンテランタス

ハマミズナ科（メセン類）
原産国：南アフリカ ／ 育てやすさ：★★☆ ／ 冬型 ／
水やり：休眠期の夏は月に数回、さっと周辺の土をぬらす程度に。
それ以外の季節は土がしっかり乾いてからたっぷりと。

[特徴と栽培のコツ]
脱皮もするなど、リトープスの生態と近い。一年を通して雨
や霜が当たらず、明るく風通しのよい場所で管理。高温多
湿の夏は軒下か遮光ネットなどを使い、風通しのよい半日
陰の状態で育てる。夏は扇風機などを使うのもよい。

綾耀玉　りょうようぎょく　*Dinteranthus vanzylii*

冬型
7cm

写真の株は若いので無模様だが、生長するとリトープスのような編目模様が入る。

Trichodiadema

トリコディアデマ

ハマミズナ科（メセン類）

原産国：南アフリカ ／ 育てやすさ：★★★ ／ 冬型 ／
水やり：休眠期の夏は月に数回、さっと周辺の土をぬらす程度に。
それ以外の季節は土がしっかり乾いてからたっぷりと。

［特徴と栽培のコツ］

南アフリカの広い範囲に50種ほどが分布。葉が小さく、
先に細いトゲがつくのが特徴。生長するにつれ、根茎が
肥大するコーデックスの一つ。日本の冬の寒さにも比較
的強いので、上手に栽培して長く育てたい。

White fl. ほわいと えふえる *Trichodiadema* sp.

冬型

7cm

天然の盆栽とも呼
ばれるトリコディア
デマ。生長するに
したがい、幹や枝、
根が太くなり、おも
しろい枝ぶりに。

Nananthus

ナナンサス

ハマミズナ科（メセン類）

原産国：南アフリカ ／ 育てやすさ：★☆☆ ／ 冬型 ／
水やり：休眠期の夏は月に数回、さっと周辺の土をぬらす程度に。
それ以外の季節は土がしっかり乾いてからたっぷりと。

［特徴と栽培のコツ］

断面が三角形の多肉質の葉をつける。生長が遅く、すく
すく伸びていくわけではないが、生長するにつれ、根茎が
肥大し、コーデックスのようになる。南アフリカの中央部
に10種ほどが自生するレアな品種。

品種名不明 *Nananthus* sp.

冬型

7cm

葉一面に小さな斑
点がつく。今はま
だ頼りない外見だ
が、数年たつ頃に
は立派なコーデッ
クスに。

Echinus

エキノス

ハマミズナ科（メセン類）

原産国：南アフリカ ／ 育てやすさ：★☆☆ ／ 冬型 ／
水やり：休眠期の夏は月に数回、さっと周辺の土をぬらす程度に。
それ以外の季節は土がしっかり乾いてからたっぷりと。

［特徴と栽培のコツ］

南アフリカ南端に5種が知られているだけのレアな品種。
夏の高温多湿に弱いので、夏は半日陰で風通しのよい場
所に置き、水やりは極力控える。冬は0℃以上を保てる場
所に。ブラウンシア属とする見解もある。

碧魚連 へきぎょれん *Echinus maximiliani*

冬型

12cm

魚がくちをばくばく
しているような姿
がかわいらしく、
人気の品種。栽
培がやや難しいの
で、ていねいに管
理を。水を好むの
で、乾いたらたっ
ぷりと。

Frithia
フリチア

ハマミズナ科（メセン類）

原産国：南アフリカ ／ 育てやすさ：★☆☆ ／ 夏型（春秋型に近い）／
水やり：土がしっかり乾いてからたっぷりと。休眠期の冬は控えめに。

［特徴と栽培のコツ］

ハマミズナ科には珍しい夏型。温度管理をまちがわないよう、気をつけよう。冬は5℃を下回るようになったら日当たりのよい室内へ、水やりは断水気味で。真夏の8月以外は、日当たりと風通しのよい場所に置いて育てる。

プルクラ　（別名：光玉）　*Frithia pulchra*

夏型

10cm

頂部の窓を含め、棒状の葉の表面には無数の白い斑点。真夏の強い直射日光以外はたっぷり日に当てる。

Bergeranthus
ベルゲランツス

ハマミズナ科（メセン類）

原産国：南アフリカ ／ 育てやすさ：★★☆ ／ 冬型 ／
水やり：休眠期の夏は月に数回、さっと周辺の土をぬらす程度に。
それ以外の季節は土がしっかり乾いてからたっぷりと。

［特徴と栽培のコツ］

南アフリカの乾燥地に自生するため、葉にしっかり水分をため込む強くて丈夫な品種。寒さにも比較的強いので、関東以西であれば、屋外での冬越しも可能。

照波錦　てるなみにしき　*Bergeranthus multiceps f. variegata*

冬型

8cm

新芽はライムグリーン、生長が落ち着くと緑色になる。細長くとがった葉で群生。

Ruschia
ルスキア

ハマミズナ科（メセン類）

原産国：南アフリカ ／ 育てやすさ：★★☆ ／ 春秋型 ／
水やり：休眠期の夏は月に1回程度。
それ以外の季節は土がしっかり乾いてからたっぷりと。

［特徴と栽培のコツ］

南アフリカに自生する小型の種。冬の休眠期と夏にも半休眠期がある。冬の寒さには比較的強いので、関東以西では屋外での栽培も可。それより夏の高温多湿対策がポイントで、雨のあたらない風通しのよい場所で管理する。

インデュラータ　*Ruschia indurata*

春秋型

7cm

小さな肉厚の葉が十字対生するので、きちんと整っている印象。株分け、さし木でふやせる。

Agave

アガベ

キジカクシ科

原産国：メキシコを中心にアメリカ南部から中米 ／ 育てやすさ：★★★ ／ 夏型 ／
水やり：春から秋は土が乾いたらたっぷりと。冬は断水気味、月に1回程度。

［特徴］

葉の先端に鋭いトゲがあるものや、すらっとスマートな葉、斑模様が美しいものなど、品種ごとに特徴的な姿が楽しめる。日本に最初に入ってきたのは斑入りアメリカーナで「リュウゼツラン」と名づけられた。

［栽培のコツ］

自生地が乾燥地帯なので、雨の季節や夏の多湿期は雨があたらない場所に移動するなど注意が必要。寒さに強く戸外に地植えできる種類と、寒さに弱い種類がある（→5℃を下回る時期は日当たりのよい室内に）。

アメリカーナ（別名：青の竜舌 _{おお りゅうぜつ}）

Agave americana

夏型 　10㎝

自生地では3mを超える。耐寒性が高く仙台以西の海岸地域で野生化した例も。

ボビコルヌータ

Agave bovicornuta

夏型 　10㎝

赤茶色のトゲがワイルドな雰囲気を出す。幅広の葉が大きくカーブしている葉姿もよい。

バーントバーガンディ

Agave 'Burnt Burgundy'

夏型 　15㎝

細身の葉を飾るように入るバーガンディーレッドのふちがスタイリッシュでおしゃれ。

セルシーノバ

Agave 'Celsii Nova'

夏型 　10㎝

葉のふちにつく赤茶色のトゲと青みがかった葉は上品な印象。子株を出してふえる。

Column

アガベの ウオーターマークと 生長の跡

　アガベをはじめ、多肉植物の葉に白い汚れのようなものがついていることがあります。ウオーターマークといって、水やりのときに葉にかかってしまった水が蒸発した跡です（→水やりはできるだけ葉にかからないようにする）。

　しかし、アガベにはそれでは説明のつかない模様がもうひとつ。葉の中央に見える小さなアーチ形の線（右拡大写真）です。これはアガベの生長の痕跡。葉がまだ小さく重なっていたときについたトゲの跡が、葉が開き生長したあとにも残っているのです。こすってきれいにしたくなりますが、葉を傷めてしまうので、決して、こすって落そうとしないようにしましょう。

ブルーエンペラー

Agave 'Blue Emperor'

夏型　13㎝

葉をとりまく黒いトゲと深い緑色の葉。全体にダークで落ち着いた印象。

ダシーリリオイデス

Agave dasylirioides

夏型　12㎝

トゲもほとんど目立たず、スッと細身の葉が美しい品種。

ディフォルミス

Agave difformis

夏型　15㎝

葉の外側にペンで手描きしたようなストライプ模様。トゲの色が黒いタイプもある。

ムルチフィリフェラ

Agave filifera ssp. *multifilifera*

夏型　10㎝

フィリフェラのグループの特徴は、葉のまわりにつく白い糸状の繊維（フィラメント）。

ジェミニフローラ

Agave geminiflora

夏型　14㎝

細い葉にフィラメントがつく。しなやかに広がる葉とフィラメントとで動きのある雰囲気。

ジェスブレイティ

Agave ghiesbreghtii

夏型　10㎝

肉厚で硬い葉。葉先も、葉のふちにつくトゲも鋭い。

ギガンテンシス ランチョソルダッド

Agave gigantensis 'Rancho Soledad'

夏型　10㎝

灰緑色の葉のふちには褐色のトゲ。生長するとロゼットの直径も草高も1mほどになる。

イシスメンシス

（別名：雷帝）

Agave isthmensis

夏型

15㎝

外径30㎝足らずのアガベだが、この堂々たるフォルム。ポタトルムとよく似ていて、混同されることもある。イシスメンシスのほうが葉が短めで、葉をとりまくトゲの先端がうねり、鋸歯の切れ込みは深く、全体に荒々しい雰囲気。数多くの変種、亜種、園芸種を持つ。

王妃雷神錦 おうひらいじんにしき

Agave isthmensis 'Ouhi Raijin' f. *variegata*

夏型　10cm

若草色と白中斑のコントラストが美しい。斑入りは夏の直射日光に弱い。半日陰で管理。

シーマニアナ×イシスメンシス

Agave hyb.

夏型　10cm

全体的なフォルムはシーマニアナ、トゲの感じはイシスメンシスから受け継いだようだ。

ケルチョベイ フアジュアパンレッド

Agave kerchovei 'Huajuapan Red'

夏型　12cm

ケルチョベイの園芸種。アガベには珍しい、赤系の色。

五色万代 ごしきばんだい

Agave lophantha 'Quadricolor'

夏型　10cm

深緑、緑、線状の模様の色、斑のクリーム色、トゲの赤茶色と、色の重なりが美しい。

リトルペンギン

Agave macroacantha 'Little Penguin'

夏型　10cm

葉先の長く鋭いトゲが特徴のマクロアカンサの園芸種。

オカヒー

Agave ocahui

夏型　10cm

細く長い葉と赤茶色のふちどりとトゲ。これもアガベのシンプルな美しさ。

ポタトルム

Agave potatorum

夏型　13cm

波打つロゼット形が美しい。さまざまな変種、亜種がある。交配親となっている品種も多い。

キャメロンブルー

Agave potatorum 'Cameron Blue'

夏型　13cm

赤茶色の長いトゲと整った形が印象的。アガベの "生長の痕跡" がくっきり。

キュービック

Agave potatorum 'Cubic'

夏型　15cm

ポタトラムのモンスト種。葉が十字になっていたり、トゲが二股に分かれるなど異形が魅力。

吉祥冠錦 きっしょうかんにしき
Agave potatorum 'Kisshoukan' f. *variegata*

夏型　21cm

吉祥冠にはいろいろな斑があり、これは覆輪斑。赤茶の爪とのコントラストが華やか。

ドラゴントゥース
Agave pygmaea 'Dragon Toes'

夏型　10cm

白い粉に覆われた葉とドラゴンの爪のような鋭い鋸歯が特徴。

サルミアーナ クラッシスピナ
Agave salmiana ssp. *crassispina*

夏型　10cm

鋸歯の間隔が広いため、葉に残る生長の痕跡もゆったり。

シュリベイ マグナ
Agave shrevei ssp. *magna*

夏型　10cm

大型のアガベ。地植えにすると2m超にまで生長し、迫力ある姿に。

吹上 ふきあげ
Agave stricta

夏型　10cm

細くやわらかい葉が放射状に広がる。アガベらしからぬ姿だが、変種や亜種もある。

ティタノタ
Agave titanota

夏型　10cm

長く鋭いトゲはアガベ最強とも。トゲははじめは茶色だが生長するにつれ白くなる。

笹の雪 ささのゆき
Agave victoriae-reginae

夏型　12cm

葉の稜線が白くふちどられているのが特徴的で印象的。子株をたくさん出して群生する。

ワコマヒー
Agave wocomahi

夏型　10cm

地植えだと2m超にまで生長する。耐寒性も高く、寒冷地以外なら越冬も可能。

キシロカナンサ
Agave xylonacantha

夏型　10cm

生長すると、トゲも含め、葉のふちを白いヒゲのようなものが覆う。

Albuca

アルブカ

キジカクシ科

原産国／南アフリカ／育てやすさ：★★★／春秋型／
水やり：秋から春は土が乾いたらたっぷりと。
夏は月に1回、表土が湿る程度。

[特徴と栽培のコツ]

秋から春にかけて生長期を迎える球根植物。日当たりを
好むので、しっかり日に当てて。休眠期の夏は地上部が
枯れ、球根だけになる品種が多い。夏に断水気味にして
いた水やりは、秋に葉が伸びてきたら積極的に始める。

フミリス　*Albuca humilis*

春秋型

11cm

玉ねぎのような球
根から細い葉が
伸びる。暑さ寒さ
にも強く丈夫で夏
も葉が残るタイプ。
花は春。

Ornithogalum

オーニソガラム

キジカクシ科

原産国：南アフリカ ／ 育てやすさ：★★☆ ／ 春秋型 ／
水やり：秋から春は土が乾いたらたっぷりと。
夏は月に1回、表土が湿る程度。

[特徴と栽培のコツ]

すらっと細い葉や円柱状の葉などユニークな葉姿が楽し
い球根植物。基本は「秋植え」だが、品種によって確認
を。秋に葉が伸びてきたら水やりを始める。夏の休眠期
は半日陰で風通しのよい場所で断水気味に管理する。

ヒスピダム　*Ornithogalum hispidum*

春秋型

11cm

葉にはやわらかな
毛、初夏に白い花
を咲かせる。花が
終わると休眠し、
秋にはまた葉を伸
ばす。

Sansevieria

サンセベリア

キジカクシ科

原産国：アフリカ ／ 育てやすさ：★★★ ／ 夏型 ／
水やり：春から秋は土が乾いたらたっぷりと。
冬は断水気味、月に1回程度。

[特徴と栽培のコツ]

葉に赤いふちどりがあるものや斑入りなど葉姿が美しい。
春から秋までは日当たりのよい戸外で。自生地は乾燥地
帯だが、多湿には比較的強い。一方、寒さには弱いので、
10℃以下になったら日当たりのよい室内に移動する。

ボンセレンシス　*Sansevieria boncellensis*

夏型

10cm

左右交互に展開
し、扇形に広がる
ユニークなフォル
ムで、不思議な存
在感。寒さに弱い。

Drimiopsis

ドリミオプシス

キジカクシ科

原産国：南アフリカ ／ 育てやすさ：★★★ ／ 夏型 ／
水やり：春から秋は土が乾いたらたっぷりと。
葉が落ちて球根だけになったら次の春まで断水する。

［ 特徴と栽培のコツ ］

以前は「ヒヤシンス科」に属していたこともあり、球根植物
だと考えて栽培するとわかりやすい。春から秋は日当たり
のよい場所で、水もたっぷり与える。気温が下がってきた
ら徐々に水やりの量を減らし、葉がすべて落ちたら断水。

マクラータ　*Drimiopsis maculata*

夏型

8cm

初夏、花茎を伸ば
し白い小さな花が
咲く（穂状花序）。
気温が下がると落
葉し、翌春、また
芽吹く。

Bowiea

ボウイエア

キジカクシ科

原産国：南アフリカ ／ 育てやすさ：★★☆ ／ 夏型・冬型 ／
水やり：夏型は春から秋は土が乾いたらたっぷり。
冬型は秋から春はたっぷり。

［ 特徴と栽培のコツ ］

根や茎を太らせて水分や栄養をたくわえる塊根植物（コ
ーデックス）のひとつ。生長期には塊根からつるを伸ばし
葉をつけ、白い小さな花を咲かせる。育てやすい種類だが、
夏型と冬型があるので、栽培時には図鑑などで確認を。

蒼角殿　そうかくでん　*Bowiea volubilis*

夏型

11cm

茶薄皮の下には
翡翠色の球根。つ
るが茶色くなり枯
れ落ち始めたら
徐々に水やりの量
を減らし、すべて
落ちたら断水。

Ledebouria

レデボウリア

キジカクシ科

原産国：南アフリカ ／ 育てやすさ：★★★ ／ 夏型 ／
水やり：春から秋は土が乾いたらたっぷりと。
葉が落ちて球根だけになったら次の春まで断水する。

［ 特徴と栽培のコツ ］

以前は「クサスギカズラ科」。球根植物だと考える。春から
秋は日当たりのよい場所で、水もたっぷり与える。気温が下
がってきたら徐々に水やりの量を減らし、葉がすべて落ちた
ら断水。寒さには比較的強いが、冬期は室内管理が無難。

彪紋　ひょうもん　*Ledebouria socialis* 'Violacea'

夏型

10cm

不ぞろいのドット
模様が印象的。
初夏、スズランの
ような総状花序の
花が咲く。

Pachypodium

パキポディウム

キョウチクトウ科

原産国：マダガスカル、アフリカ ／ 育てやすさ：★☆☆ ／ 夏型 ／
水やり：春から秋は鉢内の土がすっかり乾いて数日してから、たっぷり。葉が落ち始めたら控えめにし、葉が落ちたら、葉が出るまで断水。

[特徴]

コーデックスの中でも特に人気がある。肥大した茎を
もつ塊茎植物。茎が筒のようになったり、扁平に広
がったりと多様で、マニア心をくすぐるが、品種によっ
て栽培のコツが異なるので注意。

[栽培のコツ]

何年も元気に生長したあとダメになることがあり、主
な原因は、水の与えすぎと強い直射日光。基本は日
当たりと風通しのよい場所で育てるが、雨の日は軒下
などに移動、真夏は遮光ネットなどで守る工夫も。

恵比寿笑い えびすわらい   夏型

Pachypodium brevicaule

横に平べったく生長する塊茎がユニークで、人気の品種。自
生地は標高1400〜2000mの岩山。岩場の割れ目や乾燥した
平原などに自生しており、生長が非常に遅いのが大きな特徴。
日本の夏の高温多湿と冬の寒さが苦手。梅雨から夏は蒸れさ
せないよう、扇風機なども使って管理する。

8cm   2年もの

9cm   5〜10年

20cm   数十年たって、
やっとこのサイズ

黄色の花が咲く。

グラキリウス   夏型

Pachypodium rosulatum var. *gracilius*

属名パキポディウムはギリシャ語のpachys（厚い/太った）とpous
（足）を組み合わせたもの。まるまると大きく肥大した根茎はま
さに“太った足”という外見でかわいらしく、人気の品種。黄色
の花が咲く。グラキリウスを元気に、長く育てるコツは、水を与
えすぎないこと。風通しよく育てること。

8cm   2〜3年もの。まだ
幹は普通サイズ。

10cm   数十年。幹が丸く
なってきている。

自生地のマダガスカルで山採りされ、日本に輸入されてき
た株。培養土に植え、発根するのを待つ。

ビスピノサム
Pachypodium bispinosum

夏型　18cm

枝の先には托葉から変化したトゲ。夏になるとベル状の淡いピンクのかわいい花が咲く。

ゲアイー
Pachypodium geayi

夏型　14cm

鋭いトゲ、葉の表面にうっすらと微毛があるのが特徴。寒さに弱いが丈夫で育てやすい。

ホロンベンゼ
Pachypodium horombense

夏型　18cm

写真大は数十年、写真小は2年モノ。根が細いので、休眠期の冬も月1回程度、少量の水やり。

ラメリー
Pachypodium lamerei

夏型　10cm

ゲアイーと似ているが、ラメリーの葉には微毛がない。丈夫で育てやすい点は同じ。

光堂 ひかりどう
Pachypodium namaquanum

夏型　8cm

太いボトルのような幹と波打つビロード毛が美しく人気があるが、栽培はやや難しい面も。

ロスラツム
Pachypodium rosulatum

夏型　14cm

パキポディウムの代表種ロスラツムの基本種。花は黄色。変種、亜種が多い。

エブルネウム
Pachypodium rosulatum var. *eburneum*

夏型　18cm

ロスラツムは変種によって花色が異なる。白い花が咲く。

カクチペス
Pachypodium rosulatum var. *cactipes*

夏型　10cm

ロスラツムの変種のひとつで、ほかの種に比べて赤みがかった表皮が特徴。花は黄色。

サキュレンタム
Pachypodium succulentum

夏型　20cm

ビスピノサムとよく似ており、見分けるのは花。花びらが5枚に見えるほど深く切れ込む。

Sinningia

シンニンギア

イワタバコ科

原産国：アフリカ、中南米／育てやすさ：★★☆／夏型／
水やり：春から秋は土が乾いたらたっぷり。
葉が落ち始めたら控えめにし、葉が落ちたら、葉が出るまで断水。

［特徴］

丸く平らな塊茎から太めの茎を伸ばす。茎と葉の表面には細くやわらかい毛が生えている。鮮やかな色の筒状の花はハチドリが花粉媒介者であるため、冬の休眠期には葉を落とし、春に新芽が出る。

［栽培のコツ］

真夏の強い直射日光は苦手だが（遮光ネットなどで半日陰をつくるとよい）、基本的には日当たりを好む。新芽が出て、葉が落ちるまでの春から秋はできるだけ日に当てる。冬は日当たりのよい室内へ。

フロリアノポリス　*Sinningia 'Florianopolis'*

夏型
8cm

ミントのような葉の裏には白い毛がみっしり。年数を重ねると塊根も葉も力強く大きく育っていく。

断崖の女王　だんがいのじょおう　*Sinningia leucotricha*

夏型
10cm

茎と葉に生えた緻密な毛はビロードのよう。筒状の赤い花が咲くと、そのコントラストも美しい。写真の株で4年ほど。

Othonna

オトンナ

キク科

原産国：アフリカ、中南米／育てやすさ：★★☆／春秋型に近い冬型／
水やり：春から秋は土が乾いたらたっぷり。
休眠する夏は葉が落ち始めたら控えめにし、葉が落ちたら断水。

［特徴］

南アフリカを中心に自生。茎が太る塊茎で、バリエーションに富んださまざまな形状が魅力。秋から冬にかけて長い花茎、花柄を出して花を咲かせる。

［栽培のコツ］

コーデックスの太った茎や根は本来、地中にある部分。直射日光が長時間当たらないように管理するとよい。休眠期は断水が基本だが、オトンナは根が細い種が多いので、月1回、少し水を与える。

クラビフォリア　*Othonna clavifolia*

冬型
9cm

太い塊茎から出るむっちり細長い葉。自生地ではほぼ球形になるが、日本の環境では丸く育たないとのこと。

フルカタ　*Othonna furcata*

冬型
12cm

フルカタとはラテン語で「分岐した」の意。この枝ぶりが特徴。水やりは一年を通して乾燥気味に。

Sarcocaulon

サルコカウロン

フロウソウ科

原産国：南アフリカ、ナミビア ／ 育てやすさ：★★☆ ／ 春秋型 ／
水やり：春から秋は土が乾いたらたっぷり。
休眠する夏は葉が落ち始めたら控えめにし、葉が落ちたら断水。

［特徴］

厚くて光沢がある表皮は、自生地の砂嵐や乾燥、強い日差しから身を守るため。枯れた茎がよく燃え、かつて先住民がたき火やたき付けに使ったことから「ブッシュマンキャンドル」との英名も。

［栽培のコツ］

自生地は砂漠地帯。生長に最も適した春と秋、初冬は直射日光の当たる、風通しのよい場所で管理。真夏は遮光ネットなどを使い、冬は寒冷地や雪の多い地域以外では屋外でも可。北風だけは防ぐ。

パターソニー　*Sarcocaulon patersonii*

春秋型	12cm

トゲだらけのいかつい枝から小さな葉が生える様子や、繊細な花が魅力。

Portulaca

ポーチュラカ

スベリヒユ科

原産国：中南米など ／ 育てやすさ：★★★ ／ 夏型 ／
水やり：春から秋は土が乾いたら、たっぷり。冬は控えめに。

［特徴と栽培のコツ］

一部の種は地下に小さな塊根をつくる。日当たり、風通しのよい場所でよく育つ。寒さには弱いので、5℃を下回るようになったら、日当たりの良い室内へ。日本で露地栽培でよくみかけるマツバボタンもポーチュラカの仲間。

モロキエンシス　*Portulaca molokiensis*

夏型	11cm

もとはハワイの固有種。丸い葉が交互につくのが特徴。寒さに弱いので、冬は室内で、断水気味に管理。

ウェルデルマニー　*Portulaca werdermannii*

夏型	9cm

ブラジル原産。株全体が白い糸で覆われた姿がユニーク。花は一日花で5〜10月に繰り返し咲く。

Avonia

アボニア

スベリヒユ科

原産国：アフリカ ／ 育てやすさ：★★☆ ／ 春秋型に近い冬型 ／
水やり：春から秋は土が完全に乾いてからたっぷり。梅雨〜夏は遮
光した風通しのよい場所で断水気味に管理（月1回少量水やり）。

［特徴と栽培のコツ］

魚のウロコのような托葉で覆われた葉が特徴。アフリカの
極乾燥地帯に自生しているため、多湿にとても弱い。年間
を通して日当たりと風通しのよい場所で、乾燥気味に管
理。塊根の生長は遅く、1年に数mm程度。

アルストニー *Avonia quinaria* ssp. *alstonii*

冬型

10㎝

初夏、晴れた日の
夕方、日暮れ前の
数時間だけ花が
開く。生長は遅く、
この株で10年ほ
ど。

Operculicarya

オペルクリカリア

ウルシ科

原産国：マダガスカル島とコモロ島のみ ／ 育てやすさ★★☆ ／ 夏型 ／
水やり：春から秋は土が乾いたらたっぷり。
葉が落ち始めたら控えめにし、葉が落ちたら、葉が出るまで断水。

［特徴と栽培のコツ］

年数を経るごとに、太くゴツゴツとした幹になり、ミニチュ
アの巨木のような風情に。生長は遅い。一年を通して日当
たりのよい場所で管理。休眠中の冬も表皮の下の葉緑素
で光合成を行っているので、なるべく日に当てる。

パキプス *Operculicarya pachypus*

夏型

12㎝

若い株は塊根が
大きくないが、年
数を経るごとに太
っていく。コーデッ
クスの王様といわ
れ、人気の品種。

Fockea

フォッケア

キョウチクトウ科

原産国：アフリカ南部 ／ 育てやすさ：★★★ ／ 夏型 ／
水やり：春から秋は土が乾いたらたっぷり。
葉が落ち始めたら控えめにし、葉が落ちたら、葉が出るまで断水。

［特徴と栽培のコツ］

水分や栄養をたくわえた塊根は乾燥した地域に住む先
住民の間で重要な食用植物として採集されているとか。
水やりの注意点は、生長期とはいえ過度に与えると腐る
可能性もあること。日当たりと風通しのよい場所で管理。

エデュリス （別名：火星人） *Fockea edulis*

夏型

13㎝

塊根部の表面に
突起。寒さに弱い
ので、15℃を下回
るようになったら日
当たりのよい室内
に。

Dorstenia

ドルステニア

クワ科

原産国：アフリカ大陸、アメリカ大陸、インドの熱帯地帯 ／
育てやすさ：★★★ ／ 夏型 ／
水やり：春から秋は土が乾いたらたっぷり。
冬は断水気味、月1回程度少量。

[特徴と栽培のコツ]

自生地では小型〜大型の高木。環境への適応力が高く育
てやすい。自家結実性のある種が多く、実は熟すと弾けて
種子を飛ばす。寒冷地では冬は日当たりのよい室内へ。

フォエチダ　*Dorstenia foetida*

夏型

10cm

夏に不思議な形
の花が咲き、自家
受粉して種をつ
け、熟すと弾ける
ように飛ぶ。生命
力たくましい品種。

Stephania

ステファニア

ツヅラフジ科

原産国：東南アジアと太平洋諸島の熱帯地域 ／
育てやすさ：★★★ ／ 夏型 ／
水やり：春から秋は土が完全に乾いてからたっぷり。冬は断水。

[特徴と栽培のコツ]

薄暗い熱帯雨林の林に自生しているため、弱い光を好
む。遮光ネットなどを使い、明るい半日陰で管理する。特
に、塊根部分に強い直射日光が当たらないように注意。
5℃以下になったら室内へ移動し、断水気味に。

ヴェノサ　*Stephania venosa*

夏型

18cm

冬に落葉するが、
夏になるとゴツゴ
ツした塊根から猛
烈な勢いでつるを
伸ばす。

Alluaudia

アローディア

ディディエレア科

原産国：マダガスカル ／ 育てやすさ：★★★ ／ 夏型 ／
水やり：夏は土が乾いたらたっぷりと。
涼しくなって葉が落ちてきたら徐々に減らし、冬は完全に断水。

[特徴と栽培のコツ]

マダガスカルの固有種。幹や枝から生える鋭いトゲが特
徴。高温も直射日光もOK。耐寒性は低いので、10℃を下
回るようになったら日当たりのよい室内へ。春になり葉が
出てきたら徐々に水やりを増やし、慣らしていく。

亜流木　ありゅうぼく　*Alluaudia procera*

夏型

8cm

新しく伸びた枝か
ら出る葉は地面に
対して水平に、翌
年は同じところか
ら垂直に葉を出
す。

Adenia

アデニア

トケイソウ科

原産国：アフリカ、マダガスカル、アジアの熱帯地域／育てやすさ：★★☆／
夏型／水やり：春から秋は土がすっかり乾いたらたっぷりと。
葉が落ち始めたら徐々に減らし、すべて落ちたら断水気味に。

［特徴と栽培のコツ］

つるを伸ばすタイプが多いほか、地上部の形状はバラエ
ティに富む。つる性の種は伸びすぎたら剪定を。自生地の
環境が乾燥した荒れ地や森林の奥などさまざまなので、
種によって栽培条件が異なる場合があり、注意。

グラウカ *Adenia glauca*

夏型

10cm

細長い樹形に育っ
てきた場合、ある
程度の長さで胴
切りすると丸い塊
茎のコーデックス
らしい樹形に。

Dioscorea

ディオスコレア

ヤマノイモ科

原産国：世界中の熱帯、亜熱帯地域／育てやすさ：★★☆／
春秋型に近い冬型／水やり：夏の終わりから春先にかけては
土が乾いたらたっぷりと。休眠期は断水気味に。

［特徴と栽培のコツ］

ディオスコレアの多くの種は食用で、一部が園芸用に栽
培されている。乾燥した荒れ地やサバンナに自生。一般
的な冬型より1か月ほど前倒し傾向。桜の咲くころから梅
雨明け頃は休眠し、梅雨が明けると新芽が出始める。

亀甲竜 きっこうりゅう *Dioscorea elephantipes*

冬型

12cm

ハート形の葉とゴ
ツゴツした塊根の
ギャップ。年を経る
ごとに割れ目が深
くなり、亀甲模様
になっていく。

Pseudolilthos

プセウドリトス

キョウチクトウ科

原産国：アフリカ東部、アラビア　／育てやすさ：★☆☆／夏型／
水やり：春から秋は土がすっかり乾いたあと数日後にたっぷり。
涼しくなったら徐々に減らし、冬はほぼ断水。

［特徴と栽培のコツ］

アフリカ東部からアラビアにかけて7種類ほどが知られて
いるレアな属。まんじゅうのような不思議な形に育つ。強
い直射日光、寒さ、多湿に弱いため、雨があたらない明
るい半日陰で、風通しのよい場所で管理する。

ミギウルテイヌス *Pseudolithos migiurtinus*

夏型

12cm

緑のまんじゅうの
ような姿。極度の
乾燥地帯に自生
する種のため、風
通しよく管理する
ことが特に重要。

Anacampseros

アナカンプセロス

スベリヒユ科

原産国：南アフリカ、メキシコ ／ 育てやすさ：★★★ ／ 春秋型 ／
水やり：春と秋は土が乾いたらたっぷり。真夏と真冬は月1回程度。

[特 徴]

小さな多肉質の葉がぷちぷちとつくものや、蛇のような茎が伸びるものなど、ユニークな形に育つ。生長はゆっくりだが、丈夫で育てやすい。種子も採りやすく、多肉植物の種まき入門としても。

[栽培のコツ]

日当たりと風通しのよい場所に置く。真夏の高温多湿が苦手なので、夏は半日陰か遮光ネットなどで日差しを調節。冬は5℃を下回るようになったら、日当たりのよい室内に移動して冬越し。

アラクノイデス
Anacampseros arachnoides

春秋型　8cm　深紫の葉のまわりにはクモの糸のような白い糸。子株を出して群生する。初夏に紫の花。

茶傘 ちゃがさ
Anacampseros baeseckei var. *crinite*

春秋型

7cm

夏に花が咲いて種子ができ、採種できるほか、こぼれ種で知らずにふえていることも。

桜吹雪 さくらふぶき
Anacampseros rufescens f. *variegata*

春秋型

8cm

吹雪の松の斑入り品種。種子からでもよく育ち、初夏にピンクの花がたくさん咲く。

143

Senecio

セネシオ

キク科

原産国：アフリカ、インド、メキシコなどの乾燥地帯 ／育てやすさ：★★★ ／
基本は春秋型。種によって夏型寄り、冬型寄り、休眠期など異なる ／
水やり：春と秋は土が乾いたらたっぷりと。休眠期も月に数回、水をやる。

［特徴］	［栽培のコツ］
セネシオ属は世界中に2000種ほどが分布するが、多肉セネシオは80種ほど。丸い小さな葉や矢尻のような葉など変わった草姿の種類が多い。花の色も赤や黄色、紫、白とバラエティ豊か。	夏に休眠するタイプと冬に休眠するタイプがあるが、どちらも生長期は「春秋」。タイプに合わせて遮光や温度管理を。多湿はNGだが、根が細いため極度の乾燥に弱い。休眠期も月に数回、少量の水を。

七宝樹 しっぽうじゅ
Senecio articulatus

春秋型
10cm

きゅうりがつながったような不思議な姿。夏は休眠するので風通しのよい半日陰で断水気味に。

クラッシッシムス （別名：クラシハマタ、紫蛮刀 しばんとう）
Senecio crassissimus

春秋型
8cm

うっすらと白い粉をまとった卵形の葉には紫紅色のふちどり。春咲きの花は典型的なキクの花。

グリーンネックレス
Senecio rowleyanus

春秋型
10cm

鈴のように丸い葉が垂れて育つので寄せ植えに多く使われる。夏は半日陰で管理。

銀月 ぎんげつ
Senecio haworthii

春秋型
8cm

細く白い毛で覆われた美しい姿。多湿が苦手なので、風通しや仕立て直しなどでケアを。夏は休眠する。

クレイニア
Senecio kleinia

春秋型

10cm

茎の模様がユニーク。原産地のカナリヤ諸島では茎を触ると幸せが訪れるという言い伝えがある。夏は休眠する。

マサイの矢尻 まさいのやじり
Senecio kleiniiformis

春秋型

8cm

品種名に納得の葉姿。夏の高温多湿に弱く、冬の寒さはやや強い。室内移動の目安は0℃。

サギナータス
Senecio saginatus

春秋型（冬型寄り）

7cm

茎の先端などからポコポコと枝分かれし、表面の模様もユニーク。地中に大きな塊根。冬型寄りの春秋型。

抱月 ほうげつ
Senecio scaposus var. 'Hougetsu'

春秋型（冬型寄り）

10cm

新月の変種で、葉先がへらのようになっている。生育期も水のやりすぎに注意。冬型寄りの春秋型。

万宝 ばんぽう
Senecio serpens

春秋型

8cm

春秋はしっかり日に当て、夏は遮光気味に管理。冬は室内に移動するが、暖かい日は外で日に当てる。

スタペリフォルミス
Senecio stapeliformis

春秋型

7cm

セネシオによくある、茎だけニョキニョキタイプ。地中に塊根ができるので大きめの鉢に。

Orbea

オルベア

キョウチクトウ科

原産国：アフリカ ／ 育てやすさ：★★☆ ／ 夏型 ／
水やり：春から秋は鉢内の土がすっかり乾いたらたっぷりと。そのあと徐々に減らし、10℃以下になったら完全に断水。
桜の花が咲く頃に少しずつ水やり開始。

［特徴］	［栽培のコツ］
旧ガガイモ科。トゲトゲとした突起が並ぶ太い茎が特徴。茎から直接、ヒトデのような形の花が咲く。旧ガガイモ科の花はハエの仲間が花粉を媒介するため、いやな匂いを出すものが多い。	春から秋は屋外の日当たりと風通しのよい、雨のあたらない場所に置くが、直射日光に弱いので軒下や遮光ネットなどで工夫。多湿にも注意。冬は5℃を下回るようになったら日当たりのよい室内へ。

カウダタ
Orbea caudata

夏型

8cm

茎より鋭いトゲが目立つ姿。花は、花びらがトゲのように細く、黄色。においが強い。

ナマクエンシス
Orbea namaquensis

夏型

8cm

直径6〜8cmにもなる大きな花は迫力満点。近寄ると、花に微細な毛が生えているのがわかる。

セミテュビフローラ
Orbea semitubiflora

夏型

8cm

トゲが目立つ茎に焦げ茶のまだら模様。花は、花びらが細めで、濃い朱色、においのある花が咲く。

ルテア
Orbea semota var. *lutea*

夏型

8cm

黄色いヒトデ形の花には花弁のふちに白い毛が生える。背の低い茎の基部から咲く。

Column
1

ひと目見たら忘れられない

旧ガガイモ科の花

独特のにおいで虫をおびきよせ、受粉に導く。しかし、妖しく、きらびやかで、
奇妙で、おもしろいガガイモの花。花だけほかの生き物のよう。夜中に動き出しそうです。
色や模様、質感もバラエティ豊かなガガイモの花の世界をご紹介します。

インシグニフローラ

ヒスロピー

修羅道

ゼブリナ

コラット
クリムゾン

ルテア

パンクラータ

ピンクアイ

オクラータ

クレヌラータ

ナマクエンシス

旧ガガイモ科とは

　現在は「ガガイモ科」という植物分類はありません。ガ
ガイモ科は旧来の分類法「新エングラー体系」での科目
で、1998年に植物の新しい分類法「APG体系」が発表
され、採用された際になくなってしまった分類名。APG
体系では「キョウチクトウ科」に含められ、オルベア属、フ
ェルニア属などいくつかに分類されています。

　しかし、今でも多肉植物を取り扱うお店で、「キョウ
チクトウ科（ガガイモ科）」といった併記表示をみることが
あります。愛好家にもお店にとっても、長い間、つかって
きた「ガガイモ科」という言葉に親しみがあるのでしょう。

オルベア[キョウチクトウ科]

147

Huernia

フェルニア

キョウチクトウ科

原産国：アフリカ～アラビア半島 ／ 育てやすさ：★★☆ ／ 夏型 ／
水やり：春から秋は鉢内の土がすっかり乾いたらたっぷりと。そのあと徐々に減らし、10℃以下になったら完全に断水。
桜の花が咲く頃に少しずつ水やり開始。

[特徴]

旧ガガイモ科。原産地域に50種ほどが自生。角ばった茎にはトゲトゲとした突起や針などがあり、その茎から唐突に星やヒトデのような形の花が咲く。肉厚で妖艶な色合いやドット柄などは作り物のよう。

[栽培のコツ]

春から秋は屋外の日当たりと風通しのよい、雨のあたらない場所に置くが、直射日光に弱いので軒下や遮光ネットなどで工夫。多湿にも注意。冬は5℃を下回るようになったら日当たりのよい室内へ。

蛾角 がかく
Huernia brevirostris

夏型　10cm

高さ5cmほどの茎が密生。夏に黄色に小さなドット柄の、星の形のような五弁花が咲く。

ヒスロピー
Huernia hislopii

夏型

8cm

茎のトゲが白くコンパクトで、怪獣の爪のよう。花はオフホワイトに赤い斑点模様。

インシグニフローラ
Huernia insigniflora

夏型

8cm

あまり大きくならず、地表面に倒れるように伸びる。黄色と赤のロウ細工のような花。

コラットクリムゾン
Huernia 'Korat Crimson'

`夏型`　`8cm`

茎に丸いまだら模様が入る。真っ赤な口紅をつけた唇のような妖艶な花が咲く。

コラットスター
Huernia 'Korat Star'

`夏型`　`8cm`

茎にはしっかりとしたトゲ。花は、黄色にピンクのうすい雲のようなまだら模様。

修羅道　しゅらどう
Huernia macrocarpa

`夏型`　`9cm`

茎につくトゲは葉が退化したものなので、痛くはない。根元から赤紫の花が咲く。

オクラータ
Huernia oclata

`夏型`　`8cm`

細い茎が倒れるように伸びていく。黄色に赤のドット柄の花が咲く。

阿修羅
あしゅら
Huernia pillansii

`夏型`

`11cm`

茎には細くやわらかいトゲがびっしり。花は黄色に赤い細かいドット、細かい突起もある。

ピンクアイ
Huernia 'Pink Eye'

`夏型`　`8cm`

コーラルピンクのグラデーションと細かいドット模様がかわいらしい花。

ゼブリナ
Huernia zebrina

`夏型`

`8cm`

分布地や自生地が広く、花のバリエーションも豊富なゼブリナ基本種。どの亜種、変種も花弁はゼブラ模様。花心は柄があったり、斑点だったりとさまざま。色は亜種、変種によって異なる。

Stapelia

スタペリア

キョウチクトウ科

原産国：南アフリカ、熱帯アジア、中南米 ／ 育てやすさ：★★☆ ／ 夏型 ／
水やり：春から秋は鉢内の土がすっかり乾いたらたっぷりと。そのあと徐々に減らし、10℃以下になったら完全に断水。
桜の花が咲く頃に少しずつ水やり開始。

［特徴］	［栽培のコツ］
旧ガガイモ科。アフリカや熱帯アジアなどの荒れ地や岩山など乾燥した環境に生息。においの強い花を咲かせる。	春から秋は屋外の日当たりと風通しのよい、雨の当たらない場所に置くが、直射日光に弱いので軒下や遮光ネットなどで工夫。多湿にも注意。冬は5℃を下回るようになったら日当たりのよい室内へ。

ディバリカタ
Stapelia divaricata

夏型

8cm

スタペリアらしい角ばった茎。花はヒトデ形で、白地に赤のまだら模様。

グランディフローラ （別名：大花犀角）
Stapelia grandiflora

夏型

8cm

直径10cm超、細く赤いボーダー模様に毛むくじゃら、というド迫力の花が咲く。

パニクラータ
Stapelia paniculata

夏型

9cm

茎の基部から深紅の花が咲く。花びらには小さな同色のつぶ状の突起がある。

シンジー
Stapelia schinzii

夏型

8cm

地をうねるように茎が伸び、星形の花を咲かせる。色は真紅。濃い赤の毛が生えている。

Caralluma

カラルマ

キョウチクトウ科

原産国：アフリカ、アラビア半島、インドなど／育てやすさ：★★☆／夏型／
水やり：春から秋は鉢内の土がすっかり乾いたらたっぷりと。そのあと徐々に減らし、10℃以下になったら完全に断水。桜の花が咲く頃に少しずつ水やり開始。

［特徴と栽培のコツ］

花茎の先にいくつもの花が毬状につくなど、花のつき方が独特。雨のあたらない、日当たりと風通しのよい場所で栽培する。冬は断水して、暖かい室内で冬越し。旧ガガイモ科の基本的な栽培のコツと同じ。

Duvalia

デュバリア

キョウチクトウ科

原産国：アフリカ、アラビア半島／育てやすさ：★★☆／夏型／
水やり：春から秋は鉢内の土がすっかり乾いたらたっぷりと。そのあと徐々に減らし、10℃以下になったら完全に断水。桜の花が咲く頃に少しずつ水やり開始。

［特徴と栽培のコツ］

2タイプの茎がある。トゲのある、いかにも旧ガガイモ科らしいタイプと、ごつごつとした丸い茎を持つもの。いずれも星かヒトデ形の花が咲く。栽培のコツは旧ガガイモ科の基本的な世話と同じ。

Pilea

ピレア

イラクサ科

原産国：世界中の熱帯と亜熱帯 ／ 育てやすさ：★☆☆ ／ 夏型／
水やり：春から夏は土が乾いたらたっぷりと。
冬は月に数回、土が軽く湿る程度にさっと水やり。

［特徴と栽培のコツ］

草本から低木まで多種多様の種類がある。葉に入る模様が美しく、鑑賞法として栽培される種も多い。耐暑性は高いが、寒さに弱いので、10℃を下回るようになったら、日当たりのよい室内へ移動。

クレヌラータ　*Caralluma crenulata*

夏型
8cm

つぼみが折り紙のように開いて星形の花に。その後、折りたたむように閉じて、枯れていく。花の物語が魅力的。

サルカータ　*Duvalia sulcata*

夏型
8cm

灰緑の茎に焦げ茶の模様が入る。花は真紅。花びらにストライプ模様が入り、ふちには赤い毛も。

グロボーサ（別名：露鏡 つゆかがみ）　*Pilea 'Globosa'*

夏型
10cm

プチプチとした小さな葉と、さらに小さな花がかわいらしい。寄せ植えのアクセントにも。

Ceropegia

セロペギア

キョウチクトウ科

原産国：南アフリカ、マダガスカル、熱帯アジア ／
育てやすさ：★☆☆ ／夏型・春秋型 ／
水やり：生育型によって異なるので注意。

［特徴］

旧ガガイモ科。茎が棒状になっているもの、塊根からつる状の茎を出すものなど、その形態は多様。奇怪な草姿の品種が多く、ガガイモのなかでもコアな印象。小さなひょうたん細工のような花が咲く。

［栽培のコツ］

基本的には、栽培場所も水やりも、ほかの旧ガガイモ科と同じ。つる状の茎を出すものは春秋型であることが多い。夏型種は寒さに弱いので、10℃を下回るようになったら日当たりのよい室内へ。

ボッセリ *Ceropegia bosseri*

夏型

12cm

まさに珍奇、奇怪な姿。小さな葉はすぐに脱落。夏にひょうたんのような花が咲く。

キミキオドラ *Ceropegia cimiciodora*

夏型

8cm

さらに奇怪な姿。ごく小さな葉が生えているが、この棒状のまま生長していく。

Peperomia

ペペロミア

コショウ科

原産国：中南米、アフリカ、アジア ／
育てやすさ：★☆☆ ／ 春秋型 ／
水やり：春と秋は土が乾いたらたっぷりと。夏と冬は少し控えめに。

［特徴と栽培のコツ］

自生地では林の中で樹木などに着生している小型の植物。南米を中心に1500種以上が知られている。多肉タイプは透明な窓を持つものもある。夏の直射日光、多湿、冬の寒さにも弱いので、季節ごとに細やかに世話を。

カクタスビレ *Peperomia 'Cactusville'*

春秋型

8cm

寒天をのせた和菓子のような葉がかわいい。葉焼けしないよう強い直射日光は遮光する。

コルメラ *Peperomia columella*

春秋型

10cm

ペペロミアの極小型種。小さな葉が数珠のように重なり、1本の茎の高さは10cmほど。

Dyckia

ディッキア

パイナップル科

原産国：南米、アフリカ ／ 育てやすさ：★★★ ／ 夏型 ／
水やり：春から秋は土が乾いたらたっぷりと。休眠する冬は断水気味、月1回程度少量を。

[特徴]

鋭いトゲのある、すらりとした葉が放射状に広がる。その整った葉姿とシックな色合いが魅力でコアなファンも多い。近年、交配種が盛んにつくられるようになってきた。丈夫で育てやすい。

[栽培のコツ]

春から秋はしっかり日に当てる。日当たりと風通しのよい、雨のあたらない場所で管理する。最低気温が5℃を下回るようになったら日当たりのよい室内へ。

ブリットルスター

Dyckia 'Brittle Star'

夏型　9cm

ディッキア交配種の中で最も有名な品種。深紫の葉と白い粉の模様、トゲのバランスが美しい。

バーガンディアイス

Dyckia 'Burgundy Ice'

夏型　9cm

深紫と深緑が溶け合ったような色合いが渋い。小さめのトゲで全体にすっきりした印象。

グランマルニエ・ホワイトフォリッジ

Dyckia 'Gran Marnier White Foliage'

夏型　9cm

白いヒゲのようなトゲ、株全体を覆う白い粉。透けて見える深紫もスタイリッシュ。

Tillansia

チランジア

パイナップル科

原産国：北アメリカ南部から中南米の熱帯、亜熱帯 ／ 夏型 ／ 育てやすさ：★★☆ ／
水やり：霧吹きで株全体がぬれるように、春から秋は2～3日おきに、冬は1週間～10日おきに。

[特徴と栽培のコツ]

自生地では木の枝などに着生し、葉や根から夜露や雨水などを吸収して育つ。葉の表面に強い日差しから身を守り、水分を採るための毛（トリコーム）があり、密度によって銀葉系、緑葉系に分かれる。

[栽培のコツ]

基本はほかの多肉植物と同じ。屋外での栽培は10℃～30℃が目安。最高気温が30℃を上回るようになったら、風通しのよい半日陰に移動。最低気温が10℃を下回るようになったら明るい室内に移動。

ブラキカウロス

Tillandsia brachycaulos

夏型
長さ15cm

トリコームの少ない緑葉系で、夏の直射日光に弱い。葉焼けの原因となるので、夏は半日陰に。

ブルボーサ

Tillandsia bulbosa

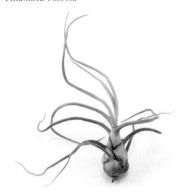

夏型
長さ15cm

緑葉種。株元の壺形にトリコームの白と紫のラインが入る。美しい色合いが人気。

カピタータ

Tillandsia capitata

夏型
長さ15cm

緑葉種。チランジアには開花期に葉が色づく種が多く、カピタータもその一つ。

カプトメドーサ

Tillandsia caput-medusae

夏型
長さ20cm

銀葉系。株元がふくらむ壺形。うねうねとした葉の間から花茎を伸ばし、紫の花を咲かせる。

コットンキャンディ
Tillandsia 'Cotton Candy'

夏型　長さ17cm

銀葉系。葉の間から花茎を伸ばし、桃色の
花苞と紫の花弁、房のような花が咲く。

ファシクラータ
Tillandsia fasciculata

夏型

長さ25cm

緑葉系。生長する
と80cm近くなる。
次第に葉は放射
状に横に広がり、
噴水のような葉形
に。

フックシイ
Tillandsia fuchsii f. *gracilis*

夏型　長さ14cm

銀葉系。葉の直径は1mmほどという繊細さ。
中央からスラっと小さい花が連なって咲く。

ハリシイ
Tillandsia harrisii

夏型　長さ18cm

銀葉系の代表的な種。オレンジ色の花苞
に紫の花弁をもつ大きな花が咲く。

イオナンタ
Tillandsia ionantha

夏型　長さ8cm

変種、亜種が数多くある。葉が細く長めのグ
アテマラや葉が肉厚で短いメキシコなど。

ジュンシフォリア
Tillandsia juncifolia

夏型

長さ25cm

緑葉系。細く長く
伸びる葉がスタイ
リッシュ。似た品
種に銀葉系のジュ
ンセアがある。

コルビィ
Tillandsia kolbii

夏型　長さ10cm

銀葉系。葉が同じ方を向いてカーブするの
が特徴。開花期に葉が赤く染まる。

シュードベイレイ
Tillandsia pseudobaileyi

夏型　長さ18cm

緑葉系。細いが硬めの葉で、それぞれが向
きたい方向に伸びる。個性的なフォルム。

トリコロール
Tillandsia 'Tricolor'

夏型　長さ16cm

緑葉系。丈夫で育てやすいが、株元に水が
たまりやすく、傷む原因になるので注意。

チランジア[パイナップル科]

Mammillaria

マミラリア

サボテン科

原産国：北米西南部、南米、カリブ海諸国など ／ 育てやすさ：★★★ ／ 夏型 ／
水やり：春と秋は土が乾いたらたっぷり。真夏・初春・晩秋は土が乾いた数日後に。冬は月1回。

［特徴］	［栽培のコツ］
「イボ」という意味のラテン語が属名の由来。乾燥した砂漠地帯に自生し、強い日差しと風通し、水はけのよい用土を好む。トゲはやわらかい毛のタイプから強刺のタイプまで多種多様。鮮やかな色彩の花が咲く。	日当たりと風通しのよい、雨のあたらない場所に置く。砂漠地帯は昼は暑く、夜は冷えるので、耐暑・耐寒性は高いが、日本の多湿、熱帯夜は苦手。熱帯夜には涼しい室内、冬は日当たりのよい窓辺に。

澄心丸 ちょうしんまる
Mammillaria backebergiana

夏型

9cm

刺座から出る象牙色のトゲ、冠状につく鮮やかな花が、いかにもマミラリアらしい。

カルメナエ
Mammillaria carmenae

夏型

7cm

一つひとつのイボから出る繊細なトゲが特徴。花も白とピンクで、かわいい雰囲気。

金手毬 きんてまり
Mammillaria elongata

夏型

7cm

よく子吹きして群生する。ゆるいカーブで反り返るトゲが特徴。色が黄色、赤茶など多彩。綴化種も多い。

麗晃殿 れいこうでん
Mammillaria guelzowiana

夏型

7cm

綿毛のような白い毛の中にフックのように曲がる赤いトゲ（鉤刺）がある。

玉翁 たまおきな
Mammillaria hahniana

夏型　9㎝

ころんと丸い形のまわりを覆う白い毛。水やり
の際は毛にかからないよう、周辺の土に。

ヘルナンデシー
Mammillaria hernandezii

夏型　7㎝

イボひとつひとつに刺座があり、そこからトゲ
が出る。マミラリアの特徴がよくわかる形状。

白鳥 はくちょう
Mammillaria herrerae

夏型　7㎝

内向きに出る放射状のトゲの造形美。春、
ピンクの花が花冠のように咲く。

金洋丸 きんようまる
Mammillaria marksiana

夏型　7㎝

つやのある緑の肌と、イボとイボの間に生え
る綿毛が特徴。冬の終わりに咲く黄色い花。

明けの明星 あけのみょうじょう
Mammillaria schiedeana f. *monstrosa*

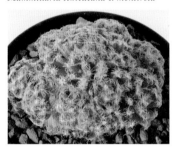

夏型　7㎝

明星のトゲが白いタイプの石化。イボが密
集して生長している。

ピコ
Mammillaria spinosissima 'Pico'

夏型　9㎝

つやのある緑肌のイボが整然とならぶ独特
の雰囲気。ピンクの花が花冠のように咲く。

猩々丸 しょうじょうまる
Mammillaria spinosissima

夏型　9㎝

花が冠状に咲くのは、マミラリアの特徴。
赤から白のグラデーションのトゲが美しい。

銀手毬
ぎんてまり

Mammillaria gracilis

夏型

7㎝

まるで花のついたレース
生地をまとっているかの
ような清楚さ。よく子吹
きして群生する。

Astrophytum

アストロフィツム

サボテン科

原産国：メキシコから北アメリカ南西部 ／ 育てやすさ：★★★ ／ 夏型 ／
水やり：春と秋は土が乾いたらたっぷり。真夏・初春・晩秋は土が乾いた数日後に。冬は月1回。

［特 徴］	［栽培のコツ］
ギリシャ語のastro（星）phyton（木）に由来。古くから人気のあるサボテン。100年以上前から栽培や品種改良が行われており、数多くの交配種が存在する。強い直射日光には弱いので、夏は遮光して管理。	日当たりと風通しのよい、雨のあたらない場所に置く。自生する地域は昼は暑く、夜は冷える乾燥地帯。耐暑・耐寒性は高いが、日本の熱帯夜は苦手。熱帯夜には涼しい室内、冬は日当たりのよい窓辺に。

スーパー兜 すーぱーかぶと
Astrophytum asterias 'Super Kabuto'

夏型

7cm

白い綿毛の塊のような点が特徴の「兜」の改良種。兜より白い点が大きく密になる。

碧瑠璃鸞鳳玉 へきるりらんぼうぎょく
Astrophytum myriostigma var. *nudum*

般若 はんにゃ
Astrophytum ornatum

夏型

7cm

鋭いトゲと切り立つ稜。迫力ある品種。自生地では1mを超え、花が咲くまで年数がかかる。

夏型　18cm

鸞鳳玉には多くの変種、亜種、交配種があり、碧瑠璃もその一つ。鸞鳳玉の特徴である白点はなく、マットな緑肌にチェックのような模様が入り、稜には綿毛。

Gymnocalycium

ギムノカリキウム

サボテン科

原産国：アルゼンチン、ウルグアイ、パラグアイ、ボリビア ／ 育てやすさ：★★★ ／ 夏型 ／
水やり：春と秋は土が乾いたらたっぷり。真夏・初春・晩秋は土が乾いた数日後に。冬は月1回。

［特徴］	［栽培のコツ］
大きめのトゲと多様な形状が特徴。刺座から子を吹く。花の時期は春〜秋。頂部にある刺座から短い花茎を出して、ピンクや赤、黄色などの大きな花を咲かせる。	日当たりと風通しのよい、雨のあたらない場所に置く。草原地帯に自生するため、ほかのサボテンより強い日差しに弱く、水やりも少し多めに。夏は遮光ネットなどを使い、冬は日当たりのよい窓辺に。

翠晃冠 すいこうかん
Gymnocalycium anisitsii

夏型
7cm

葉の色をよく見ると、深紫と灰緑のグラデーション。春から秋にかけて、次々と花が咲く。

ゼガラエ
Gymnocalycium pflanzii ssp. *zegarrae*

夏型
7cm

もこもことした丸い稜から突き出る鋭く美しいトゲ。絶妙なバランスで人気の品種。

新天地 しんてんち
Gymnocalycium saglionis

夏型　　7cm　　ゼガラエと似ているが、新天地は稜がはっきりしていて、トゲが長い。

Echinopsis

エキノプシス

サボテン科

原産国：南アメリカ ／ 育てやすさ：★★★ ／ 夏型 ／
水やり：春と秋は土が乾いたらたっぷり。
真夏・初春・晩秋は土が乾いた数日後に。冬は月1回。

[特徴]

ブラジルやアルゼンチンなど南米で数百種が知られ、岩間や水はけのよい砂混じりの土地に自生。日本でも大正時代から栽培されており、民家の軒先で見かけることもある属。丈夫で育てやすい。

[栽培のコツ]

日当たりと風通しのよい、雨のあたらない場所に置く。ほかのサボテンより強い日差しに弱く、水やりも少し多めに。夏は遮光ネットなどを使い、冬は日当たりのよい窓辺に。

金盛丸　きんせいまる　*Echinopsis calochlora*

夏型

7cm

丸いフォルムに黄金色のトゲ。いかにもサボテンらしい。花が咲くのは年月を経てから。大輪の白い花が咲く。

サブデヌダータ　（刺無短毛丸　とげなしたんもうまる）　*Echinopsis subdenudata*

夏型

7cm

トゲはなく、稜に並ぶ刺座の綿毛がチャームポイント。夏前に白い大輪の花が咲く。

Turbinicarpus

ツルビニカルプス

サボテン科

原産国：メキシコ ／ 育てやすさ：★★★ ／ 夏型 ／
水やり：春と秋は土が乾いたらたっぷり。
真夏・初春・晩秋は土が乾いた数日後に。冬は月1回。

[特徴]

自生地はメキシコのみで、全15種あるほか、多くの亜種、変種がある。トゲの形状はまっすぐ、くるりとカールなど品種によってさまざま。花は昼間咲くタイプで、大輪。天頂部から咲く。

[栽培のコツ]

メキシコの気温は日本と大差ないが、降水量は少ない。日当たりと風通しのよい、雨のあたらない場所に置く。ほかのサボテンより強い日差しに弱い。夏は遮光ネットなどを使い、冬は日当たりのよい窓辺に。

撫城丸　ふじょうまる　*Turbinicarpus krainzianus*

夏型

7cm

もじゃもじゃと伸ばした老人のヒゲのようなトゲが特徴。夏にレモンイエローの花が咲く。

精巧殿　せいこうでん　*Turbinicarpus pseudopectinatus*

夏型

7cm

内側に向いて生えるやわらかなトゲが強い日差しから株を守る。春、大輪の赤紫の花が咲く。

Tephrocactus / Thelocactus

テフロカクタス／テロカクタス

サボテン科

原産国：アルゼンチン、チリ、ボリビア ／
育てやすさ：★★★ ／ 夏型 ／
水やり：春と秋は土が乾いたらたっぷり。
真夏・初春・晩秋は土が乾いた数日後に。冬は月1回。

［特徴］

オブンチアから分離したテフロカクタスは15種。球形または楕円形で群生化。種子には羽根があり、遠くに飛んでいく。エキノカクタスから分離したテロカクタスは10種以上が知られ、円筒形または球形。花は頂部に咲く。

［栽培のコツ］

日当たりと風通しのよい、雨のあたらない場所に置く。ほかのサボテンより強い日差しに弱く、水やりも少し多めに。夏は遮光ネットなどを使い、冬は日当たりのよい窓辺に。

ゲオメトリクス *Tephrocactus geometricus*

夏型

11cm

丸々とした球体が積み重なるように生長していく。よく日に当てると赤に色づくことも。

大白丸 たいはくまる *Thelocactus macdowellii*

夏型

7cm

一見マミラリア（p.156）風だが、花は花冠状ではなく、頂部にかたまって咲く。自家受粉して種子もとれる。

Rhipsalis

リプサリス

サボテン科

原産国：北米南部から南米大陸の熱帯地域 ／
育てやすさ：★★★ ／ 春秋型 ／
水やり：多湿を好むが用土が過湿になるのはNG。春と秋は土が乾いたらたっぷり。夏は月に2～3回。冬はほぼ断水（室内管理で乾燥している場合は霧吹きなどで水を与える）。真夏・初春・晩秋は土が乾いた数日後に。冬は月1回。

［特徴］

着生植物。原産地域の高山で根を樹木や岩に付着させて生活。茎に竹のような節ができるのが特徴で、生長するにつれ、垂れ下がる。クリーム色や白い小さな花が咲き、自家受粉して実をつける。中には種子。

［栽培のコツ］

熱帯地域なので多湿は大丈夫だが、土に植えて栽培する場合、土の多湿が続かないよう、水やりは土が乾いてから。10℃を下回るようになったら日当たりのよい室内へ。さし木にするときは節にそって切る。

バーチェリー　ブリットンアンドローズ

Rhipsalis 'Britton and Rose'

春秋型

11cm

新芽は赤みがありトゲが多いが、生長した部分は緑になり、トゲの多くは脱落する。

ピロカルパ　（別名：フロストシュガー）

Rhipsalis pilocarpa

春秋型

7cm

生長すると茎が伸び、鮮やかな緑に。小さな刺座と白いトゲが砂糖をまぶしたように見えることから、この別名がある。

Rebutia

レブチア

サボテン科

原産国：ボリビア、アルゼンチン ／ 育てやすさ：★★★ ／ 夏型 ／
水やり：春と秋は土が乾いたらたっぷり。
真夏・初春・晩秋は土が乾いた数日後に。冬は月1回。

［特徴］
海抜1200 〜 3600 mの高山で岩のすき間に自生。イボがありマミラリア属と似ているが、花は冠状に咲かず、株元やイボ脇から開花。漏斗状の花が咲く。強い直射日光には弱いので、夏は遮光して管理。

［栽培のコツ］
日当たりと風通しのよい、雨のあたらない場所に置く。夏の直射日光と多湿に弱いので、遮光ネットなどで管理。冬は5℃を下回るようになったら、日当たりのよい室内に移動。

Lophophora

ロフオフオラ

サボテン科

原産国：テキサス、メキシコ ／ 育てやすさ：★★★ ／ 夏型 ／
水やり：春と秋は土が乾いたらたっぷり。
真夏・初春・晩秋は土が乾いた数日後に。冬は月1回。

［特徴］
原種は3種が知られるだけの小さな属だが、品種改良によってユニークな交配種がある。トゲはないが、毒成分を持つことで食害を防いでいるとされる。地下には塊根があり、茎は低い球体。

［栽培のコツ］
日当たりと風通しのよい、雨のあたらない場所に置く。夏の直射日光と多湿に弱いので、遮光ネットなどで管理。冬は5℃を下回るようになったら、日当たりのよい室内に移動。

黄花宝山 きばなほうざん *Rebutia minuscula* var. *aureiflora*

夏型

9cm

株元に咲く黄色の花が特徴。タイミングによっては、花が株を取り巻くように咲く。

パープレクサ *Rebutia perplexa*

夏型

9cm

よく子を吹き群生する。きれいな藤色の花が咲き、自家受粉して実をつけ、種子がとれる。

翠冠玉 すいかんぎょく *Lophophora diffusa*

夏型

13cm

大福のようなぽってりとした印象。丈夫で育てやすい。刺座の毛に水をかけないよう注意。

仔吹き烏羽玉錦 こふきうばたまにしき

Lophophora williamsii
'Caespitasa' f. *variegata*

夏型

10cm

烏羽玉の園芸種で子株が次々と出る性質を持った個体。ぽこぽことユニークな形状になる。

Epithelantha

エピテランサ

サボテン科

原産国：メキシコ、アメリカ ／ 育てやすさ：★★★ ／ 夏型 ／
水やり：春と秋は土が乾いたらたっぷり。
真夏・初春・晩秋は土が乾いた数日後に。冬は月1回。

[特徴と栽培のコツ]

砂漠地帯の岩陰に自生する小型のサボテン。茎にびっしりとつく刺座と細かなトゲで全体が白っぽく見えるのが特徴。生長は遅いが、群生するタイプが多い。群生株は蒸れやすいので、特に風通しに注意して管理する。

月世界 げっせかい *Epithelantha micromeris* ssp. *bokei*

夏型
7cm

細かい白いトゲが茎の地肌が見えないほど密生するのが特徴。群生タイプ（写真下）の亜種がある。

Eriosyce

エリオシケ

サボテン科

原産国：南アメリカ ／ 育てやすさ：★★★ ／ 夏型・春秋型 ／
水やり：春と秋は土が乾いたらたっぷり。
真夏・初春・晩秋は土が乾いた数日後に。冬は月1回。

[特徴と栽培のコツ]

旧ネオポルテリア属、旧イスラヤ属などが含まれ、自生地も海抜0～3000mの乾燥地帯と、標高差もあることから、トゲや稜の数などに幅がある。花は頂点咲き。

銀翁玉 ぎんおうぎょく *Eriosyce nidus*

夏型
9cm

上に行くほど長く伸びる白いトゲとシュっとした花弁とが噴水のようで、姿の美しい品種。

Sulcorebutia

スルコレブチア

サボテン科

原産国：ボリビア、アルゼンチン、メキシコ ／ 育てやすさ：★★★ ／ 春秋型 ／
水やり：春と秋は土が乾いて数日たったらたっぷり。
真夏と冬は断水気味で、月に1～数回程度。

[特徴と栽培のコツ]

標高の高い乾燥地帯に自生する種が多いため、生育型としては春秋型で、比較的低温にも強く、豪雪地や寒冷地以外では屋外の越冬も可能。むしろ真夏の高温多湿、直射日光に注意が必要。

ラウシー *Sulcorebutia rauschii*

春秋型
9cm

赤紫やグリーンなど茎の表皮の色に個体差がある。ぼこぼこと群生する草姿で人気がある。

Stenocactus

ステノカクタス

サボテン科

原産国：メキシコ ／ 育てやすさ：★★★ ／ 春秋型・夏型 ／
水やり：春と秋は土が乾いたらたっぷり。
真夏・初春・晩秋は土が乾いた数日後に。冬は月1回。

[特徴と栽培のコツ]

メキシコの0〜2800mの地域に分布、地表面に分布する。頂部から小さな花が咲く。子吹きをしないので、受粉して実をつけ、実生でふやす。夏は遮光気味、比較的寒さには強いが、5℃を下回ったら日当たりのよい室内へ。

縮玉　ちぢみだま　*Stenocactus multicostatus*

春秋型

9cm

稜の数が最大100超にもなる個性的なフォルムが魅力。生長は遅く、実生から初開花まで4〜5年。

Parodia

パロディア

サボテン科

原産国：南アメリカ ／ 育てやすさ：★★★ ／ 春秋型・夏型 ／
水やり：春と秋は土が乾いたらたっぷり。
真夏・初春・晩秋は土が乾いた数日後に。冬は月1回。

[特徴と栽培のコツ]

凹凸のはっきりした稜があり、トゲは直刺、曲刺、色も黄色や白、茶色などさまざま。コロニーをつくることはあるが、子吹きはしないので実生によってふやす。花は自家受粉で実がつき、種子がとれる。

雪晃　せっこう　*Parodia haselbergii* ssp. *haselbergii*

夏型

9cm

白い刺座と白いトゲが特徴。春に赤い花が咲く。夏の直射日光と高温多湿に注意。

Ferocactus

フェロカクタス

サボテン科

原産国：北米南部からメキシコ ／ 育てやすさ：★☆☆ ／ 夏型 ／
水やり：春と秋は土が乾いたらたっぷり。
真夏・初春・晩秋は土が乾いた数日後に。冬は月1回。

[特徴と栽培のコツ]

大きな刺座と厚みのあるトゲで強刺類といわれる。トゲは直刺、曲刺、色も赤や黄色、金色、グレーなどさまざま。強い日差しを当てる、風通しよく、がポイント。蜜が多く虫によるダメージが多い。定期的な植え替えも必要。

神仙玉　しんせんぎょく　*Ferocactus gracilis* var. *coloratus*

夏型

6cm

この鋭く鮮やかなトゲを維持できるかが栽培のポイント。よく日に当て、多湿にならないようにする。

Opuntia

オプンチア

サボテン科

原産国：アメリカ、メキシコ、南米／育てやすさ：★★★／夏型／
水やり：春と秋は土が乾いたらたっぷり。真夏・初春・晩秋は土が乾いた数日後に。冬は月1回。

オプンチア属は茎がうちわ状あるいは球形で、それが積み重なるように生長。環境への適応力
が高く、丈夫で育てやすい。ここにあげた2品種はウチワサボテン、バニーイヤーとも呼ばれる
人気品種。細かい逆刺が密生しており、トゲが刺さると取れにくく痛いので、扱うときには注意。

金烏帽子 きんえぼし *Opuntia microdasys*

夏型

7cm

黄金象牙
団扇の別名
がある。

銀烏帽子 ぎんえぼし *Opuntia microdasys* var. *albispina*

夏型

7cm

象牙団扇の
別名がある。

Cintia

シンチア

サボテン科

原産国：ボリビア／育てやすさ：★☆☆／春秋型／
水やり：春と秋は土が完全に乾いてから。
夏は断水気味、冬は少量。

クニゼイ
Cintia knizei

春秋型 7cm

豆が詰まったような不思
議な形状。1996年に新
種として正式に記載された
ニューフェイス。ナビナ錦
という流通名は、発見され
た当初の呼び名。ボリビ
アの3000m級の高山で、
からだのほとんどが地中
に埋まる形で自生してお
り、強い日差しと多湿が苦
手。日差しの強い時期は
遮光ネットなどで保護。

Leuchtenbergia

レウクテンベルギア

サボテン科

原産国：メキシコ／育てやすさ：★★★／夏型／
水やり：春から秋は土が乾いたらたっぷり。
涼しくなってきたら少しずつ水量を減らし、冬は断水気味に。

晃山 こうざん
Leuchtenbergia principis

夏型 9cm

放射状に伸びる肉厚の葉
のようなものは、一般的な
サボテンの「イボ」が進化
したもの。よって、その先
端には刺座があり、トゲも
生えている。生長するとア
ガベの葉のようになる。分
類的に一属一種で、まさに
ユニークな品種。自生地
が半砂漠の草原地域なの
で、多湿にならないよう、
水やり、風通しに注意。

[多肉植物 用語ガイド]

[アルファベット]

APG分類体系 えーぴーじーぶんるいたいけい
従来の新エングラー体系やクロンキスト体系に替わる分類体系として、新たに構築された被子植物の分類体系。最初の発表は1998年。その後改定を繰り返し、最新版は2016年発表のAPG IV（第4版）。名称は被子植物系統グループ（Angiosperm Phylogeny Group）の頭文字から。

[あ]

植え替え うえかえ
ほかの鉢などに移し替えること。古い根は切り取り、古くなった用土から新しい用土へと交換する。生長期の前にやるのがベスト。

王妃 おうひ
品種名の前に「王妃」がつくと、その小型種の意。例：王妃神刀、王妃雷神。

親株 おやかぶ
さし木や株分けをするとき、元になる株のこと。

[か]

塊茎 かいけい
地下茎が肥大し養分をたくわえて塊状になったもの。アネモネやシクラメンが塊茎をもつ。多肉植物ではパキポディウムやアデニウムなどは、ほとんどが地下茎や茎が肥大化した塊茎種。

塊根 かいこん
植物の根が肥大して塊状になり、養分をたくわえたもの。

花芽 かが
茎や枝にあって、花序をおさめている芽のこと。生長して花になる。一般に葉芽より太くて丸い。はなめ。

花茎 かけい
地下茎から直接出て、花だけをつける葉のない茎。タンポポなど。

花序 かじょ
花のついた茎全体およびその配列様式のこと。例：総状花序、穂状花序など。

活着 かっちゃく
さし木や移植をした植物が、新たに根を張って吸水し、生長を始めること。

株分け かぶわけ
親株から子株を分けてふやす方法。子株には既に根が生えており、失敗が少ない。

花柄 かへい
茎から枝分かれして一つの花を支える柄の部分をさす。複数の花を支える柄は花梗。

花弁 かべん
一般に花びらと呼ばれる部分。

花苞 かほう
花芽（生長して花になる芽）を保護する変形葉（→p.168）のことを「苞」または「苞葉」と呼ぶ。苞が花弁状に大きい品種では観賞の対象にもなる。パイナップル科のチランジア属は苞が大きく、色鮮やかであることから「花苞」と説明される。

緩効性肥料 かんこうせいひりょう
肥料成分が時間をかけて溶け出し、効果が長続きするタイプの固形肥料。

潅水 かんすい
植物に水をやること。

寒冷紗 かんれいしゃ
防寒、防虫、遮光などの目的で植物を覆う資材。化学繊維を網目状に織った薄い布。

気根 きこん
地中で発達すべき根が、地上の茎から出たもの。支持根、吸収根など機能があるが、多肉植物では、鉢の中で根がいっぱいに生長し、それ以上、根が張りづらくなったときにも茎から根が出る場合がある。その場合は植え替えが必要。

球根 きゅうこん
多年生植物の地下にある栄養貯蔵器官で、休眠期の植物を保護する。鱗茎、塊茎、塊根、球茎などに分けられる。

休眠期 きゅうみんき
多肉植物やサボテンにはそれぞれ、盛んに生長する時期（生長期）、生長が止まる・にぶる時期（休眠期）がある。乾期と雨期の別がある地域に自生する種では、乾期には葉を落とすなどして休眠するものが多い。

鋸歯 きょし
葉のふちにあるギザギザした形の部分のこと。鋸歯の先端は葉の先方に向く。

切り戻し きりもどし
伸びた枝や茎を短く切り詰めること。そうすることで、また元気な枝や茎が出てくる。

茎 くき
地上部にあって葉をつけ、植物体を支える役割がある。茎の中には水や光合成産物の通路となる維管束が発達している。⇔幹 みき

グランドカバー
地表面を覆って美観を保ったり、土壌の乾燥を防ぐなどの役目をする植物のこと。

群生 ぐんせい
親株が複数の子株を吹き、多くの株が集まって生えること。

原産地 げんさんち
動植物のもともとの生息地、産地。

原産地球 げんさんちきゅう
原産地で採取された多肉植物やサボテンを、かつて「原産地球」と呼んでいた。最近は「現地球」と呼ばれることが多い。

原種 げんしゅ
品種改良された植物のもとになった親または祖先で、野生そのままで人の手が加わっていない種のこと。

交配 こうはい
いわゆる「かけ合わせ」。同じ花の花粉ではなく、違った種や品種と授粉、受精させること。

交配種 こうはいしゅ
植物学では本来、遺伝的に異なる2個体の「交配」を「交雑」といい、その結果、誕生する種は「交雑種」であるが、園芸の世界では「交配種」と呼ぶことが多い。偶発的な交配は「雑交配種」とされる。

コーデックス
多肉植物で、茎や根が塊状になる特徴的な形をもつタイプの総称的な通称。分類上はキョウチクトウ科、キク科、スベリヒユ科など多くの「属」にまたがる。

子株 こかぶ
親株の根元から出る新芽で、すでに根が生えているもの。

互生 ごせい
葉や枝が1カ所から1個ずつ交互につく状態。⇔対生 たいせい

子吹き こふき
親株から脇芽やランナーが出ること。

[さ]

さし木 さしき
親株から切り取った枝や茎などを用土にさし、新しく根や芽を出させる繁殖方法。

さし穂 さしほ
さし木や葉ざしに使われる枝や茎、葉のこと。

地植え じうえ
庭や花壇、畑などの地面に直接植えること。

自家受粉 じかじゅふん
自身の花粉で受粉して実をつけること。自家結実性ともいう。自家受粉できる種は株が一つでも実がなりやすい。ほかの株で結実するものは他家受粉。

刺座 しざ
サボテン科のトゲのつけ根にある綿状の部分。トゲがない種でも刺座は必ずある。アレオーレともいう。→p.113

自生地 じせいち
植物が継続的に繁殖を続けている場所。原産地ではなくても、人為的な管理下になく繁殖していれば、「自生」という。

仕立て したて
植木や盆栽などを育て、形づくること。幹や枝、葉などを、目的とする姿につくりあげる作業を仕立てと呼ぶ。広義には手入れ作業も含まれる。

下葉 したば
茎の下のほうについている葉。

遮光 しゃこう
ネットや布などで直射日光をさえぎること。

遮光ネット しゃこうねっと
植物を直射日光と高温から守る日よけ専用のネット。日光をさえぎる割合やカラー展開もあり、用途に応じて選べる。多肉植物で使う場合、遮光率50%程度のものが適している。

十字対生 じゅうじたいせい
対生のうち、茎から葉の出る向きが、節ごとに90°の角度で変わり、上から見ると十字形に葉がついているように見える状態。→対生 たいせい

白い粉 しろいこな
→ブルーム

穂状花序 すいじょうかじょ
長く伸びた花序軸に、多数の小花がつく花序。総状花序に似ているが、個々の小花に花柄はついていない。

生育型 せいいくがた
多肉植物の自生地の環境を日本の気候に照らし合わせた場合に、最も生育が盛んになる季節にあてはめて「夏型」「春秋型」「冬型」の3タイプに分けたもの。

生長期 せいちょうき
休眠していた多肉植物が新芽を出し、その後、ぐんぐん茎や葉を伸ばしたり、花を咲かせたりする時期のこと。

石化 せっか・いしか
→帯化 たいか

節間 せっかん
葉や枝の出ている部分を節といい、その節と節の間を節間という。節間は植物のおかれている環境によって長さが変わる。たとえば、日照不足だと節間が長くなり、徒長する。

総状花序 そうじょうかじょ
フジの花のように、長く伸びた花序軸に、花柄のある花を多数つける花序のこと。

草本植物 そうほんしょくぶつ
一般に草と呼ばれる。生育期間によって、一年草、二年草、多年草に分類される。一年草、二年草は1年あるいは2年以内に開花・結実・枯死し、種子が残る。多年草は冬に地上部が枯れても春に芽を出す、多年生の草。⇔木本植物 もくほんしょくぶつ

[た]

帯化 たいか
植物には「帯化」と呼ばれる現象がある。株の生長点でなんらかの突然変異が起きて、異形に生長することをいう。多肉植物は帯化が起きやすい植物で、生長点が帯状に生長する「石化」(monstrosa)と分頭を繰り返す「綴化」(cristata)があるが、しばし混同される。(→石化 せっか、綴化 てっか) →p.47

対生 たいせい
葉や枝が1カ所から2個ずつ、対になってつく状態。⇔互生 ごせい

托葉 たくよう
葉を構成する器官の一つで、葉状、突起状、刺状など、その形態はさまざま。芽を包んで保護する機能。

多肉植物 たにくしょくぶつ
葉や茎、根などが、水分や養分をたくわえて"多肉化"した植物の総称。植物分類学上の区分ではなく園芸的な分類。

断水 だんすい
多肉植物やサボテンが休眠期に入ったとき、水やりを極力控えること。完全断水でよいものと、根が細い、株が小さいなどの理由で、休眠期にも月1回程度、少量の水を必要とするものとがある。

地下茎 ちかけい
地中にもぐる茎。ハオルチアやアガベは地下茎から新しい枝が生え、子株が出る。水分や養分をたくわえて太り、塊茎になるものもある。

着生 ちゃくせい
土壌に根をおろさず、種子をほかの木や岩で発芽させ、その表面に根を張って生長する植物。サボテン科のリプサリス属や、パイナップル科のチランジア属など。根をほかの植物内に張って、その植物から水分や養分を分けてもらって生きる寄生植物とは異なる。

低木 ていぼく
高さ0.3〜3m以下の木本植物。ふつう、主幹と枝との区別ははっきりせず、根の際から多くの枝が生じている。灌木ともいう。これに対して樹高が3mを超えるものを高木という。

綴化 てっか・せっか
→帯化 たいか

胴切り どうぎり
サボテンなどで、球体、円筒状の胴体部分を切断すること。形が崩れたときの仕立て直しの意味合いで行う。→p.58

刺 とげ
植物体の表面から突起して先端がとがった針状の突起物の総称。その硬さや形によって、「強刺」「直刺」「曲刺」「鉤刺」などと解説される。サボテンのトゲは葉からの蒸散を抑えるために托葉が進化したとされる。ユーフォルビアやアガベなど多肉植物のトゲは、表皮が変化したもの、枯れて残った花柄が硬化したものなど。

徒長 とちょう
日照不足により、植物の枝や茎が間延びして生長してしまうこと。

トリコーム(トライコーム)
植物の葉や茎、花にある細かい毛のことで、毛状突起と訳される。強い光に対する防御、表皮から過度に水分を失うことを防止する、小さな害虫予防など、その植物によって役割が異なる。

[な]

中斑 なかふ
葉の中央の色素が抜けたもの。抜けたところに入る色によって、白中斑、黄中斑などと呼ばれる。→斑入り ふいり

夏型 なつがた
→p.24

錦 にしき
斑入り品種のことを、品種名のうしろに「錦」をつけて「○○錦」と呼ぶことがある。

根腐れ ねぐされ
主に水のやりすぎが原因で根が傷むこと。水分吸収などの機能を正常に果たせなくなり、放っておくと植物全体が枯れてしまう。

根詰まり ねづまり
水やりのときに、鉢からの排水に時間がかかるようになったら、鉢の中が根でいっぱいになっている状態。通気や水はけが悪くなり、植物全体が弱ってくるので、植え替えをする。

[は]

培養土 ばいようど
その植物の栽培に適するように複数の用土を混ぜてつくられたもの。

葉ざし はざし
多肉植物に特有の繁殖のしかたで、1枚の葉から発芽、発根させて、生長させる方法。

花がら はながら
花が咲き終わったあとに残る枯れた花びらやおしべなどのこと。

葉水 はみず
葉がぬれる程度に軽く水やりをすること。葉についた朝夕の露などを吸収する品種では時折行う。また、水をかけることで温度を下げる目的も。葉水をしたあとは風通しのよい場所で、残った水分をしっかり乾燥させる。

葉焼け はやけ
強い日光を浴びたことで急激に葉の表面温度があがり、細胞が破壊されてしまう状態。→p.37

春秋型 はるあきがた
→p.24

半日陰 はんひかげ
明るい日差しの屋外だが、軒下など直射日光が当たらない場所。あるいは、一日のうち数時間、日の当たる場所。遮光ネットにより遮光されている状態も含む。→p.21

斑紋 はんもん
まだらの模様。

品種 ひんしゅ
学名的に厳密にいえば、一つの種は「亜種」「変種」「品種」に分類されるが、「この品種は」と、単純に植物の種類をさすことも多い。

斑入り ふいり
植物体の突然変異の一種で、色素の変異をさす。通常含まれている色素が欠落した状態で、葉などの緑色だった部分が白や黄色に見える。

覆輪 ふくりん
葉をふち取るように斑が入っているもの。→斑入り ふいり

冬型 ふゆがた
→p.24

ブルーム
果物や野菜の果皮、多肉植物の葉や茎の表面にあって、白い粉のように見える物質。正体は植物体の表面を覆うクチクラ層に含まれる蝋。微生物の侵入を防ぎ、水の蒸発・侵入を防ぐなどの働きがある。

変形葉 へんけいよう
普通の葉の機能とは異なる作用を営むように形態の変化した葉のこと。苞葉、貯蔵葉、葉針、捕虫葉、巻きひげなどがある。

苞 ほう
→花苞 かほう

[ま]
窓 まど
ハオルチアやコノフィツム、リトープスなどの葉にある、透明感のある部分。自生地で、多くの種は植物体の大部分を地中に潜り込ませ、葉先の「窓」だけを地表に出し、窓から取り入れた光で光合成を行う。

幹 みき
茎の維管束の木部が発達した、硬い丈夫な多年生の茎を木本茎といい、太い木本茎をとくに「幹」と呼ぶ。⇔茎 くき

幹立ち みきだち
多肉植物の生育でよくつかわれる。株が上へ上へと縦に生長していく様子を示す。「茎立ち」や「木立ち」と書かれる場合もある。

実生 みしょう
さし木やつぎ木ではなく、種子から発芽して生育すること。また、種子をまいて育てること。それによってできた植物。

ムカゴ
腋芽（葉のつけ根から出る芽）が養分をたくわえて肥大化した部分で、植物の栄養繁殖器官の一つ。親株から落ちて発芽し、新たな植物体として生長する。

木質化 もくしつか
植物の細胞壁にリグニンが蓄積して、組織が硬くなること。木化ともいう。リグニンとは木材の構成成分として重要な高分子化合物。

木本植物 もくほんしょくぶつ
一般に木、樹木と呼ばれる。木化した地上部は多年生存して、繰り返し開花・結実して肥大生長する。⇔草本植物 そうほんしょくぶつ

モンスト
→帯化 たいか

[や]
葉序 ようじょ
植物の葉は、茎に対して一定の規則性をもって配列しており、この配列様式のことを葉序という。互生、対生など。

寄せ植え よせうえ
一つの鉢やコンテナなどに複数の株を植えること。

[ら]
ランナー
茎の基部から地表を這って水平に伸びる茎。匍匐枝と異なり、途中から根を下ろさない。走出枝ともいう。

流通名 りゅうつうめい
人気のある品種や見た目に特徴のある品種には、学名や和名のほかに、あだ名のような流通名がついていることがある。別名。

稜 りょう
茎や果実の表面にみられる線状または角ばった隆起のこと。稜のある品種は出現する稜数がだいたい決まっている。ときに数が異なる場合もあり、稜変わりと呼ばれ、珍重される。

輪生 りんせい
茎の各節に複数の葉がつく。つく葉の数が安定している場合、三輪生、四輪生と呼ぶ。

露地栽培 ろじさいばい
温室や温床など特別な設備をつかわず、屋外の耕地で、自然に近い環境下で作物を栽培する農法。

ロゼット
本来は根生葉が集中してつき、放射状に見える形。バラ模様（ローズ）からきた語。タンポポなど、ロゼットの形で冬越しをする植物も多い。

ロゼット状 ろぜっとじょう
エケベリアやグラプトペリアなど、ロゼットのような形に葉が展開する草姿を、「ロゼット」「ロゼット状」と形容する。

[わ]
ワシントン条約 わしんとんじょうやく
正式名称は「絶滅のおそれのある野生動植物の種の国際取引に関する条約」。1973（昭和48年）にアメリカのワシントンで採択されたことから、ワシントン条約という通称で呼ばれる。ワシントン条約では、国際間の商業目的の過度の取引による種の絶滅を防ぐため、保護が必要と考えられる野生動植物の種について附属書にリストアップし、絶滅のおそれの程度に応じて附属書の内容を三つに区分し、国際取引の規制を行うこととしている。附属書Iに登録されている種は、商業目的のための国際取引は原則禁止。

[学名の見方]

基本は「属名＋種小名」で、属名、種小名、亜種名、変種名などは斜体で、園芸品種名は立体で表記する。ssp.などは立体で表記。

ssp.：亜種（subspecies）の省略形 　　sp.：speciesの略で種小名が不明なこと
var.：変種（variety）の省略形 　　hyb.：交雑種のこと
f.　：品種（folma）の省略形

（表記例） *Echeveria affinis*
　　　　　　属名　種小名

Agave filifera ssp. *multifilifera*
属名　種小名　　亜種名

Haworthia gracilis var. *picturata*
属名　種小名　　変種名

Sedum lineare f. *variegata*
属名　種小名　　斑入り

Kalanchoe beharensis 'Latiforia'
属名　　　種小名　　園芸品種名